U0451382

中文社会科学引文索引（CSSCI）来源集刊

JOURNAL OF RISK, DISASTER & CRISIS RESEARCH (No.15)

风险灾害危机研究（第十五辑）

童星　张海波　主编

商务印书馆
The Commercial Press
创于1897

主　编：童　星　张海波

国际顾问：Louise Comfort　University of Pittsburgh
　　　　　　Arnold Howitt　Harvard University

学术委员会：（以姓氏拼音为序）
樊　博　上海交通大学
高小平　中国行政管理学会
龚维斌　国家行政学院
胡象明　北京航空航天大学
李俊清　中央民族大学
马　奔　山东大学
彭宗超　清华大学
沙勇忠　兰州大学
闪淳昌　国务院参事室
童　星　南京大学
魏玖长　中国科学技术大学
薛　澜　清华大学
张海波　南京大学
张　强　北京师范大学
朱正威　西安交通大学
竺乾威　复旦大学

编辑委员会（以姓氏拼音为序）
丁　翔　南京大学
葛　怡　南京师范大学
郭春甫　西南政法大学
郭雪松　西安交通大学
韩自强　山东大学

胡　倩	美国中佛罗里达大学
雷尚清	四川大学
李华强	西南交通大学
李　杰	中国科学院文献情报中心
李瑞昌	复旦大学
李伟权	暨南大学
李宇环	中央财经大学
林鸿潮	中国政法大学
林　雪	南京大学
刘　冰	北京师范大学
刘一弘	中国人民大学
刘智勇	电子科技大学
吕孝礼	清华大学
牛春华	兰州大学
唐桂娟	上海财经大学
王宏伟	中国人民大学
王　林	重庆大学
文　宏	华南理工大学
吴晓林	南开大学
吴晓涛	河南理工大学
徐建华	北京大学
严　佳	南京大学（执行）
詹承豫	中国政法大学
张　炳	南京大学
张桂蓉	中南大学
张　惠	广州大学
钟开斌	国家行政学院
周　玲	北京师范大学
周利敏	广州大学
朱　伟	北京城市系统工程研究中心

前　言

在今天的全球风险社会和中国高风险社会中，风险、灾害、危机管理的重要性已无须多言。如果说风险社会意味着一个时代性的转变，那么人类如何与风险、灾害、危机共生，就是我们这个时代最为重要、紧迫的研究主题。

南京大学致力于风险、灾害、危机的跨学科研究，至今已有三十余年的学术传承，形成了以"服务国家重大需求、解决民生痛点问题"为宗旨的学术传统。其间的历程大致可以分为四个阶段：一是开创社会风险研究领域。自20世纪80年代末，在全国率先开展改革风险控制、社会风险预警的相关理论研究。二是探索跨学科研究路径。自2005年起将已有良好基础的社会风险研究与国家急需的公共危机研究进行跨学科融合，成立社会风险与公共危机管理研究中心，这也是国内最早从事应急管理跨学科研究的机构之一。三是推动应急管理多学科学术共同体的形成与发展。自2015年起，在美国唐仲英基金会的资助下，建设风险灾害危机多学科研究平台，创办"风险灾害危机多学科论坛"，出版《风险灾害危机研究》跨学科集刊，经营"风险灾害危机多学科研究"微信公众号，服务中国风险灾害危机多学科学术共同体成长及其与国际相关领域学术共同体的交流和互鉴。四是推进应急管理学科建设。2020年4月，国务院学位办在公共管理一级学科之下设立应急管理二级学科，南京大学成为首批试点建设单位，率先完成学科论证，积极推进学科建设；2020年12月，国务院学位委员会在交叉学科门类设立国家安全学一级学科，南京大学成为首批博士学位授权单位，为应急管理学科开展跨学科建设与发展提供了新的空间。

经过三十余年的持续努力，南京大学倡导的以公共管理为主体学科的应急管理学正在作为一种新的跨学科研究范式，努力追赶并尝试超越兴起于20

世纪60年代的以社会学为主体学科的灾害社会学和兴起于20世纪90年代的以政治学为主体学科的危机政治学这两大跨学科研究范式，为加快形成中国自主的应急管理知识体系贡献力量。

在我们致力于构建的应急管理跨学科知识体系中，风险、灾害、危机既代表了不同的学科传统、研究范式，也代表了从风险到危机转化过程中的重要节点。因此，我们将刊名定为"风险灾害危机研究"。这既代表了我们倡导跨学科研究的学术理想，也表明了我们兼容并包、博采众长的办刊理念。因此，只要研究符合社会科学的学术规范，我们欢迎任何学科关于风险、灾害、危机的研究。

需要特别指出的是，正是在美国唐仲英基金会的慷慨资助下，我们才有可能由从事风险、灾害、危机跨学科研究走向推动中国的风险、灾害、危机跨学科研究，同时促进与国际相关学术共同体的交流。经过持续的努力，《风险灾害危机研究》已经成为一份开放、共享的跨学科集刊，学术品质也得到了应急管理学界同行的充分认可。今天，尽管我们已经充分地实现了当初在项目申报时的承诺，但自觉还需要将项目的精神传承下去，继续推动中国风险、灾害、危机跨学科研究。

自本辑起，《风险灾害危机研究》的出版将由社科文献出版社转至商务印书馆。我们希望这份刊物继续为国内的风险、灾害、危机研究提供一个跨学科的平台，也希望《风险灾害危机研究》继续得到国内外同行的支持与帮助。

南京大学社会风险与公共危机管理研究中心
2022年11月

目 录

风险灾害危机多学科交叉研究

新冠疫情背景下农户生计恢复策略选择的影响因素及作用路径
——基于生计韧性视角的探讨 ………………… 郭雪松 黄纪心 / 3

全球疫情防控下我国对外人道主义援助制度优化研究 ………… 曹俊金 / 28

中外危机领导力研究知识图谱与聚类维度的对比考察
——基于 CiteSpace 的文献计量分析 ……………………… 袁书杰 / 51

综合应急管理制度研究

从履责到分责再到尽责
——技术规训视域下校园安全管理的行为逻辑
……………………………………… 许 倩 沙勇忠 王 超 / 73

全过程均衡视角下的灾害预防与响应
——基于洪灾应对网络的分析 ………… 李智超 李智敏 廖 力 / 94

企业火灾应急准备与影响因素研究 ………… 刘梦妹 庞 伟 韩自强 / 121

公共安全与大数据研究

韧性理念嵌入城市公共安全风险治理的逻辑与机制
——基于广州市实践的思考 ……………………… 何兰萍 曹慧媛 / 147

风险感知与决策研究

公众何以支持复工复产政策?
　　——基于理性与经验双重路径的分析 ………… 周凌一　陈小维 / 173
人工智能风险应该如何进行科学沟通?
　　——基于公众—专家风险感知差异的视角 ……… 秦川申　佘靖楠 / 196

风险灾害危机多学科
交叉研究

新冠疫情背景下农户生计恢复策略选择的影响因素及作用路径

——基于生计韧性视角的探讨*

郭雪松　黄纪心**

摘　要： 探讨新冠疫情对农户生计可持续性的影响，对于巩固脱贫攻坚成果具有重要意义。本文基于生计韧性视角，提出了新冠疫情背景下农户生计韧性框架，以集中连片特困地区陕西省宁强县为例，通过整合PSR模型和SL框架，构建新冠疫情对农户生计恢复策略选择的影响路径分析模型，探讨疫情冲击对农户生计恢复策略选择的影响机理，进而阐释农户生计恢复策略选择的影响因素及作用路径。研究发现，新冠疫情对农户的外出就业、稳定增收、生产生活方式等各方面都产生了不同程度的影响，加剧了农户致贫返贫的风险。因此，必须通过外部干预精准化和农户自身生计策略多样化的双轮驱动，在推动疫后农户生计快速恢复的同时，抓住疫情冲击带来的生计模式重构机

---

* 基金项目：陕西省社会科学基金项目"陕西省城市复合型灾害风险治理机制研究"（2021E017）；陕西省软科学研究计划一般项目"基于适应性视阈的陕西省气象灾害风险治理机制研究"（2022KRM062）；国家自然科学基金青年项目"城市民生公共政策社会风险评估的多元主体参与研究"（72104193）。

** 郭雪松，博士，西安交通大学公共政策与管理学院教授、博士生导师，研究方向为应急管理与风险治理；黄纪心，西安交通大学公共政策与管理学院博士研究生，研究方向为应急管理与风险治理。

遇，进而构建可持续生计模式，提高农户生计韧性和可持续发展能力。

关键词： 新冠疫情　生计恢复策略　可持续生计　生计韧性

一　问题提出

新型冠状病毒肺炎（Corona Virus Disease 2019，COVID-19）疫情是"二战"以来爆发的对全球冲击最大的政治、经济和社会危机，尤其为政治、经济、社会、环境和公共卫生条件相对落后的广大农村地区带来了严峻挑战。[1][2]一方面，疫情导致农户外出务工受阻、失业风险增加、备耕进度受限、收入增长放缓、健康风险加剧和心理压力增大等问题，致使农户生计脆弱性不断增加，尤其是对于刚刚脱贫摘帽的深度贫困地区，可能会引发农户"因疫返贫""因疫致贫"等问题，由此加大农民持续增收和乡村振兴战略实施的难度。[1][3]另一方面，在疫情防控取得阶段性胜利之后，疫后恢复问题逐渐成为公众关注重点，农户生计恢复已经成为疫后恢复的重要内容。[1][3]

陕西省宁强县曾被列为国家级贫困区，该县地处秦岭、巴山两大山系交汇地带，具有自然条件恶劣、基础设施落后、居民思想封闭、经济发展迟缓等特点，加之自然灾害频发，属于生态、生计双重脆弱地区。汶川地震已对其生态和农业环境造成较大破坏，现加上新冠疫情冲击，形成了多灾种叠加的复合型灾害，对农户生计造成了巨大冲击，导致其生计脆弱性水平极高。因此，亟待了解疫情对农户收入的影响程度、原因及机理，针对其生计策略的影响机理展开研究。通过丰富农户生计恢复策略，重构农户生计模式，提高其可持续生计能力和生计韧性，对于疫后恢复精准施策构建农村居民稳定增收机制、巩固脱贫攻坚成果具有重要意义。

韧性思维为审视疫后农户生计恢复和农村复工复产提供了新视角、新框架，是探索系统适应性和可持续性变化的有力工具，因此将韧性理念引入农户生计系统，可提供一种分析如何在面对变化时保持生计系统稳定性，并持续适应、学习和创新的有效方法。生计韧性作为风险挑战应对、可持续性科学和人类发展福祉等领域的热点问题,是一种新兴的研究范式,能够有效解决地区或个体家庭生计影响问题。[4]

基于此,为体现新冠疫情冲击下农户生计韧性与复工复产之间的辩证关系,本文以集中连片特困地区陕西省宁强县为例,基于生计韧性视角,提出新冠疫情背景下农户生计韧性概念模型。具体而言,通过整合SL(Sustainable Livelihoods)框架和PSR(Pressure-State-Response)模型的可持续生计指标,构建新冠疫情对农户生计恢复策略选择的影响路径分析模型,运用结构方程模型分析新冠疫情冲击对农户生计恢复策略的影响因素及作用路径,进而探析新冠疫情冲击对农户生计状况的影响机理,并据此提出对策建议,为巩固脱贫攻坚成果、实现乡村振兴提供借鉴。

二 研究设计

(一)理论框架与研究假设

1. 理论视角

韧性作为一个系统性分析框架,不仅关注系统在受到风险冲击时能否快速恢复原状,更加关注系统遭遇风险后的适应和调节过程,在不断适应变化的过程中实现变革升级,在韧性城市、韧性治理、乡村韧性等领域得到了广泛应用。[5]韧性是系统脆弱性和适应性的联结,韧性分析框架下的"生计韧性"是研究乡村适应性发展的基础和重点,是指农户生计系统在变化中能够保持持续发展的能力[6],作为生计方法和韧性思想的结合,可加深对农户生计动态变化的理解,帮助农户实现生计模式重构和转型升级[7][8]。对于减少贫困、应对冲击以及改善人们的生计水平非常有效。[9][10]

在集中连片特困地区,农户生计韧性以应对其生计脆弱性、实现可持续生计为目标,对巩固脱贫攻坚成果、塑造乡村韧性具有重要意义。在新冠疫情背景下,农户生计恢复和模式重构是一个动态过程[11],提高农户生计韧性是防止因疫返贫、实现乡村振兴的客观需要。因此，本文尝试性地构建了新冠肺炎疫情背景下集中连片特困地区农户生计韧性概念框架，如图1。

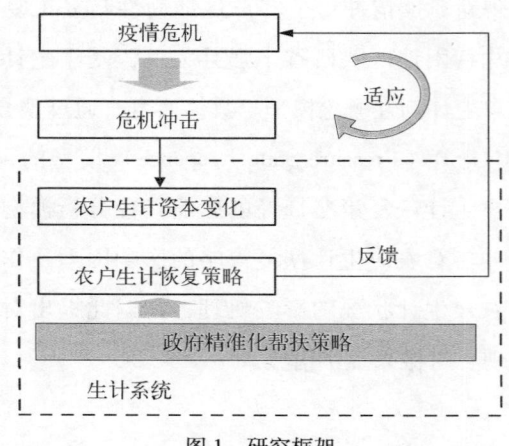

图 1　研究框架

2. 分析框架

生计是指农户生存、生活和生产的手段，是一种建立在能力、资本（包括物资、资源、权利）和活动基础上的谋生方式[12]，表现在人们应对自然灾害、传染病等外部冲击时的创造力和适应力中[13]。近年来，学界将生计引入生态脆弱性较高的偏远山区、干旱地区等乡村领域的研究不断增多，从而使得生计韧性、生计策略和生计资本等成为学术热点议题。可持续生计作为解决因灾致贫、因灾返贫的有效路径，是指农户能够应对外部冲击和压力，并从中快速恢复实现优化提升的能力。[14]可持续生计研究思想源于20世纪80年代阿马蒂亚·森（Amartya Sen）[15]和20世纪90年代早期钱伯斯（Chambers）等关于解决贫困问题的研究方法，他们首次定义了可持续生计[16]，之后斯科恩斯（Scoones）提出了SL框架[17]，该框架随之得到了快速发展和应用[18]。

其中，以英国国际发展署（DFID）提出的SL框架最具代表性，其包括自然、人力、物质、金融和社会五大生计资本，不同的生计资本又决定着不同的生计策略。[19]SL框架将农户视为一个在脆弱性环境中生存或谋生的对象，在受到外部冲击时，为适应新的外部环境，利用个人或家庭持有的权力和资本进行生计策略选择，即资源配置和重构，以实现预期成效并满足农户生计目标和需求；[20] 亦即，在资本、政策和制度的相互作用下，作为可持续生计核心的资本的性质、数量和质量状况决定了生计策略的选择，反映出农户生计的韧性水平，从而导致某种生计结果，该结果又反过来影响生计资本状况[21]，形成生计系统闭环循环。事实证明，基于生计资本的生计策略选择有利于维持农户生计多样性，提高其可持续生计能力和韧性能力。[22]

PSR 模型由加拿大统计学家拉波特（David J. Rapport）于 20 世纪 80 年代提出[23]，后被应用于环境和经济预算等问题的研究[24]，逐渐形成了反映事物可持续发展逻辑的研究框架。该框架用于表示人类活动对环境系统施以"压力"（例如排放废物、肥料投入和原材料开采等），影响了环境质量和自然资源的数量"状态"（例如森林、自然保护区等），政府、社会通过各种政策组合以及意识、行为的改变来对这些变化做出"响应"（例如公共部门的立法、税收，私营部门的减废、回收等）。[25] 因该框架科学表现了人类活动与环境之间因果关系的作用与反作用，从而得到了广泛应用，且其应用范围拓展到贫困治理[26]、风险治理[27]等领域。PSR 模型能够体现事物的动态演化逻辑，解决了"是什么""为什么"和"怎么办"的问题[28]，从而为相关问题的研究提供了有效分析路径。因其具有较强的内外部逻辑关系，能够形成一个有机的动态循环系统，故对农户生计系统具有较强解释力。

学者鲁德（Rudd）通过整合 PSR 模型和 SL 框架的可持续生计指标，构建了一个有关制度修正的分析框架，为生态系统的渔业管理政策设计和监测提供了思路。[29] 欧（Ching-Hsiewn Ou）基于 PSR 模型，构建了台湾地区的渔业可持续发展指标体系。[30] 马丁斯（Martins）将 PSR 模型纳入了可持续生计评估指标体系。[31] 郭雪松和卡普库（Kacupu）融合了 PSR 框架和 SL 框架，基于生计视角研究了农民关切和政府关切的差异性等因素对灾后农民安置的影响，认为有效的风险沟通对于弥合不同利益主体之间的差异性至关重要。[32] 通过以上分析可以看出，PSR 模型与 SL 框架有许多相通之处，可用于识别可持续生计相关指标，具体如表 1 所示。

表 1　PSR 模型与 SL 框架比较表

类别	PSR 模型	SL 框架
压力	经济和社会环境因素	脆弱性环境政策和制度环境
状态	生态系统、自然资源、健康和福祉	生计资本、生计结果、生计策略
响应	农户生计策略、政府策略、农产品产业链响应、消费者反应	生计策略、法律、政策和程序的变化

因此，本研究基于生计韧性视角，在整合 SL 框架和 PSR 模型的可持续生计指标基础上，提出新冠疫情对农户生计恢复策略选择影响路径的独特分析框架。农户在受到疫情冲击时，被迫面临新的社会环境，属于"压力"层；而在这样的外部压力下，农户自身的生计资本状况发生改变，属于"状态"层；在农户生计恢复过程中，政府帮扶策略和农户生计恢复策略则属于在新的外部环境条件下所采取的缓解外部冲击的应对措施，属于"响应"层。由此形成的农户生计系统闭环循环过程，通过不断调整和适应的过程来提高农户生计系统韧性，最终实现巩固脱贫攻坚成果同乡村振兴有效衔接的生计结果输出。因此，将"疫情冲击"作为压力（P）层的研究变量，"生计资本"作为状态（S）层的研究变量，"农户生计恢复策略"和"政府帮扶策略"作为响应（R）层的研究变量。

3. 研究假设

传染病疫情削弱了农户所拥有的物质、人力、金融、社会和自然等资本状况，从而降低个人、家庭和社区的生计韧性能力，对农户生计造成巨大冲击。[33]疫情对农户生计资本的影响主要源自三方面：一是由于疫情冲击本身造成的农户生计资本减少；二是疫情防控可能进一步加剧农户生计资本损失；三是疫情造成的居民身心健康风险导致的社会资本退化等问题。[34]加蒂索（Tsegaye Gatiso）等基于 SL 框架研究了埃博拉病毒对农户生计的影响机制，集中讨论了疫情对农户五大生计资本、总收入和农业生产方式的影响，发现疫情对农户生计造成的负面影响具有长期性和跨域性特征。[35]彭进等通过分析疫情冲击对农村居民尤其是贫困户生计产生的影响，发现疫情对农户生计的影响主要体现在务工收入上。[36]陈水光认为疫情冲击给农户带来的生计资本风

险主要包括物质资本风险、人力资本风险和金融资本风险。[2]因此,从压力层到状态层提出研究假设:

H1-1:新冠疫情加剧了农户面临的外部环境脆弱性,使其生计资本累积状况恶化,从而降低了其生计韧性。

生计资本是农户进行生计策略选择的基础,农户所拥有生计资本的数量和质量状况决定了其在面临外部冲击时的韧性。[37]拥有更多数量、更高质量的生计资本,就拥有更多样化的生计策略选择和更高的外部冲击应对能力,从而降低"因疫致贫""因疫返贫"的风险。苏芳指出农户生计资本的自然禀赋直接决定其生计风险的应对能力。[38]基于 SL 框架,研究表明金融资本和人力资本的增加有助于增强农户的抗风险能力。[39]生计资本决定生计策略选择,生计策略选择又受到家庭生计资本组合、外部环境和决策者自身素质的影响。生计资本实质上就是农户所拥有的生计权利和资产等,是其生计状态的微观表征。[40]学者普遍认为生计资本是影响农户个人或家庭生计策略选择的重要因素,且不同性质的生计资本对农户生计策略选择的意义不同。[41]

疫情冲击不仅改变了农户的生计资本结构,而且给以传统农业和外出务工为主要收入来源的农户带来巨大的生存压力,并给农户生产经营活动和农民务工就业造成冲击,进而影响其收入。鉴于此,政府需要采取有效的干预措施促进农户持续增收,将疫情冲击对农户生计的影响降到最低,从而提高农户可持续生计能力。干旱、洪涝、雪灾和传染病等极端事件会对农户生计资本或能力产生直接或间接影响,而政府干预和农户所累积的生计资本,将有助于降低农户对外部冲击的敏感性,增强其可持续生计能力[42]和韧性能力。政府自上而下的政策措施和居民自治组织自下而上的外部驱动能够缓解外部冲击[43],而农户自身的知识、技能、生计渠道和以往经验等同样会影响农户生计策略选择,需要其综合考虑各种影响因素进行生计策略选择。从状态层到响应层,农户所拥有的生计资本的性质、数量和质量等状况,将影响农户生计恢复策略的选择和政府帮扶策略的制定,因此提出以下研究假设:

H2-1:新冠疫情对农户生计资本冲击的严重程度会促使其寻求更为多样化的生计恢复策略。

H2-2：新冠疫情对农户生计资本冲击的严重程度会促使政府帮扶策略的制定与实施。

在响应层，需要政府和农户共同采取应对措施，推动农户生计快速恢复。疫情造成农村居民的生产生活秩序、生产经营方式、务工就业行为等受到不同程度影响，严重影响农户收入。为缓解疫情对农户生计的冲击，一方面需要政府通过精准施策，增强农户可持续生计能力。例如：通过线上和线下相结合的形式对农户开展涉农知识培训，增强其生计资本获得能力，提高其开展农业生产和拓展就业渠道的能力，挖掘贫困主体的发展潜力；通过政策激励低收入农户或可能返贫的农户就地创业，采用政府提供公益岗位和组织企业招聘的形式拓展农户就业渠道；等等。另一方面则需要农户自身拓展其生计策略多样性，扩大收入来源。生计策略是农户基于当前内外部环境条件选择适宜的生产经营活动，从而获得最大利益的策略，具体包括生产活动、投资策略和生育安排等。[44]关于生计策略类型，不同学者基于 SL 框架，依据不同标准进行了具体划分。斯库恩斯将生计策略划分为扩张型、集约型、多样化以及迁移性生计策略 4 类[45]，胡晗等将生计策略类型划分为传统小农经营、农业规模经营、本地打工经商和外地打工经商[46]，李聪等将生计策略划分为非农自营、外出务工、农业种植以及家畜养殖 4 类[47]。马志雄等将生计策略划分为经营性收入（种植活动、养殖活动、非农经营活动）、工资性收入（本地打工、外地打工、公益性岗位）、转移性收入（社会救助、农业补贴、亲朋馈赠、其他转移性收入）和财产性收入（存款利息、财产租赁收入、股票收益）4 大类 13 小类。[48]这些基于 SL 框架面向农户生计策略的研究，为本文探索农户生计恢复策略多样化提供了实现路径。政府需要根据疫情对农户生计资本的冲击情况，分区域、分类别、分阶段精准施策，制定恰当的帮扶策略，从而引导农户生计恢复策略选择的多样化。因此，提出以下研究假设：

H3-1：新冠疫情背景下政府帮扶策略的制定与实施有助于引导农户寻求多样化的生计恢复策略。

综上，可得出新冠疫情背景下农户生计恢复策略影响因素及作用路径示意图，如图 2 所示。

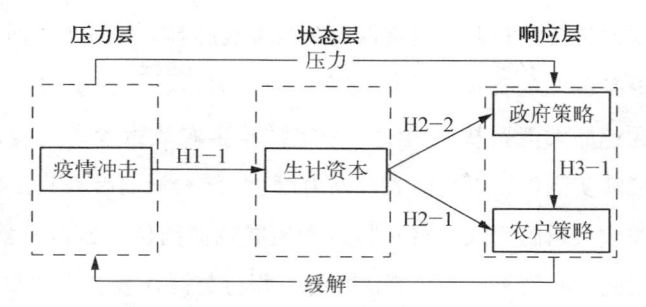

```
   压力层            状态层          响应层
    ┌─────┐  压力  ┌─────┐        ┌─────┐
    │     │──────→│     │  H2-2  │政府策略│
    │疫情冲击│ H1-1 │生计资本│───────→│     │
    │     │──────→│     │        └──┬──┘
    └──┬──┘        └──┬──┘           │ H3-1
       │              │  H2-1        ↓
       │              └─────────→┌─────┐
       │                         │农户策略│
       └──────── 缓解 ────────────└─────┘
```

图 2　农户生计恢复策略影响因素及作用路径图

（二）变量测度

变量测度均使用五级李克特量表，各题项均赋值 1—5 分，分别代表"完全不符合""比较不符合""不确定""比较符合"和"完全符合"。

1."压力"层。黄建伟总结归纳了农户面临的生计问题[49]，认为 SL 框架中的脆弱性压力主要来源于农户所处的"外部环境"。方（Fang）等选取地震强度、耕地受灾面积等指标测量了地震对农户生计造成的压力。[50]本文参照张时飞[20]、吕德宏[51]等关于农户生计的研究，结合疫后农户生计恢复实践特征对量表进行修正。疫情冲击导致农户就业压力、增收压力和还款压力增大，因此选取此 3 个观测指标测量疫情冲击压力，得分越高代表农户生计压力越大。

2."状态"层。基于 SL 框架，结合何仁伟[52]、何艳冰[53]、李聪[25]和汤青[54]等学者对农户 5 大生计资本的测量，本文选取春耕进度（自然资本）、亲友往来（社会资本）、农产品积压状况（物质资本）、劳动力数量（人力资本）和种植收益（金融资本）5 个指标测量农户 5 大生计资本状况，分值越高代表农户生计资本遭受的冲击越严重。

3."响应"层。生计策略是农户对资产的配置、使用及其经营活动的组合，包括务农、外出务工和自主创业等生产经营方式。[55]结合疫后农户生计恢复实践，本文将疫后农户生计恢复策略划分为继续务农、外出务工、自主创业和公益性岗位 4 个观测指标。政府在疫后农户生计恢复中发挥了关键作用，帮扶策略主要包括现金补贴、物资保障和政策实施等。[56]例如：加大对农民工就业培训和返乡创业的支持；多渠道稳定农民收入，解决蔬菜、水果等农产品的滞销问题；加大消费扶持力度，稳定财政惠农政策投入力度，保障各项涉农补贴政策落实到位，提高涉农补贴力度。[57]结合政府针对疫后农户生计恢复采取的相关政策措施实践，将其归纳为拓展就业岗位、出台贷款优惠政策、拓展农产品销路和政府补贴4个观测指标，得分越高代表农户或政府响应程度越高。

此外，问卷中也纳入性别、年龄、受教育程度、民族等个体特征，以及家庭收入来源、家庭年均收入水平、家庭总人口、耕地面积等家庭特征作为调查内容。各潜变量的具体观测指标如表2所示。

表2 各潜变量的具体观测指标统计表

维度	变量（代码）	编码及测量指标	题项设置
压力层	疫情冲击（EP）	EP1 增收压力 EP2 就业压力 EP3 还贷压力	疫情期间，我的收入减少
			疫情期间，难以外出务工
			疫情期间，农户还贷压力增大
状态层	生计资本（LC）	LC1 春耕进度 LC2 他人帮助 LC3 农产品积压 LC4 劳动力数量 LC5 种植收益	疫情期间，春耕进度不如往年
			疫情期间，村民难以获得外部帮助
			疫情期间，农产品销售受阻
			疫情期间，家中劳动力数量减少
			疫情期间，纯收入较往年有所减少
响应层	政府策略（GS）	GS1 拓展就业岗位 GS2 还贷优惠政策 GS3 拓展农产品销路 GS4 政府补贴	政府提供了大量就业信息和公益岗位
			银行出台了大量贷还款优惠政策
			政府很好地解决了农产品销路问题
			疫情发生后，政府给我提供补贴
	农户策略（RS）	RS1 自主创业 RS2 公益性岗位 RS3 外出务工 RS4 继续务农	我会通过网络拓展农产品销路
			我会到政府提供的岗位工作
			疫情结束后，我会外出务工
			疫情结束后，我会继续务农

（三）数据来源与分析方法

1. 数据来源。以集中连片特困地区陕西省宁强县为例，采用线上与线下相结合的调研方式，多次与当地政府、村干部及若干农户进行访谈，了解疫情对当地的影响及采取的应对措施。具体依据表1进行问卷设计，通过问卷调查的方式获得数据，共发放问卷400份，收回有效问卷361份，问卷回收率达到90.25%。在分析方法上，依据上文构建的理论框架，运用结构方程模型（Structural Equation Modeling，SEM），基于AMOS23.0进行资料分析与模型验证。

2. 数据简介。调查发现，在有效样本中男性较多，占总样本的60.9%。集中连片特困地区普遍受教育程度较低，初中及以下学历占比高达90.8%。收入水平也普遍较低，家庭年收入在8000元以下的占69.5%，主要收入来源是外出务工和农业种植，存在外出务工情况的家庭占比高达83.9%，有农业种植的家庭占60.4%。人口老龄化问题严重，无劳动力的家庭数量占2.3%，有病残人数的家庭达到了85户。在住房类型方面，土房家庭24户，占6.2%。可以看出，集中连片特困地区呈现出受教育程度低、人口老龄化严重、收入来源单一和病残人数占比高等特点，充分体现了其农户生计脆弱性高的特征，尤其在受到类似于新冠疫情、汶川地震等大灾大难冲击之下，亟须提高农户的抗灾、适灾和转型提升能力，实现农户生计可持续。

3. 信效度检验。本文采用克朗巴哈系数（Cronbach's alpha或Cronbach's α）测量问卷信度，所有测量指标的Cronbach's α为0.954，疫情冲击、生计资本、政府策略、农户策略的Cronbach's α分别为0.796、0.880、0.868、0.843，表明问卷调查数据具有较好的可靠性和内部一致性。进一步通过KMO（Kaiser-Meyer-Olkin）检验和巴特利特（Bartlett）球形检验分析对数据进行结构效度检验，KMO值为0.927，表明问卷具有较好的结构效度。针对各个构面进行CFA验证式因子分析（Confirmatory Factor Analysis，CFA），所有构面负荷量均大于0.5，且均达到显著水平；其组成信度均在0.8以上，大于0.6；平均萃取变异量（AVE）均大于0.5，表明此模型所有构面均具有收敛效度。

三 结果分析与讨论

(一)结果分析

运用 AMOS23.0 软件对概念模型进行拟合、修正和验证,模型初步拟合情况如表 3 所示。运用 Bollen-Stine p-value 对模型配适度进行进一步修正,模型整体拟合良好。

表 3 研究模型配适度指标

配适度指标	理想要求标准	初始模型配适度	修正模型配适度
DF(自由度)	愈大愈好	100	100
Normed Chi-square(Chi^2/DF)	1<Chi^2/DF<3	6.366	1.443
GFI	>0.9	0.806	0.967
AGFI	>0.9	0.736	0.953
RMSEA	<0.08	0.122	0.036
Normed Fit Index(NFI)	>0.9	0.869	0.970
Related Fit index(RFI)	>0.9	0.843	0.964
(NNFI)TLI	>0.9	0.864	0.988
CFI	>0.9	0.887	0.990
IFI	>0.9	0.887	0.990

最终,得到新冠疫情对农户生计恢复策略的影响因素及作用机理结构方程模型如图 3 所示。

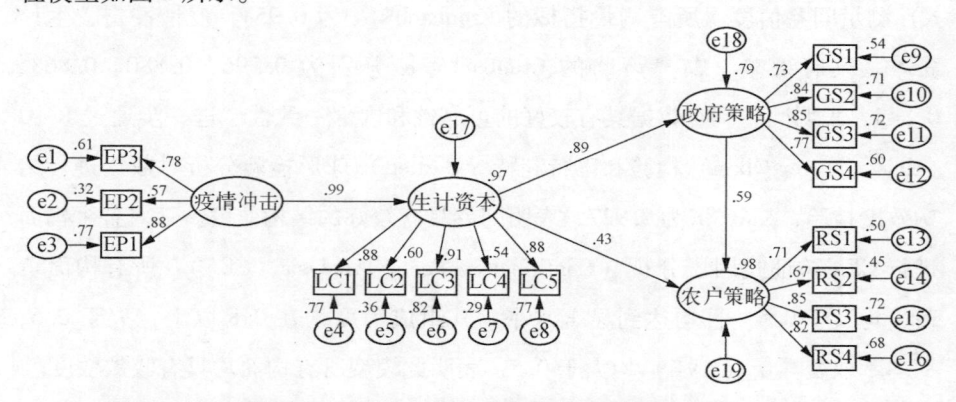

图 3 新冠疫情对农户生计恢复策略的影响因素及作用路径结构方程模型

模型路径非标准化系数统计结果表明，本文提出的所有研究假设均通过检验，从而求得新冠疫情对农户生计恢复策略的影响路径结构全模型图，如图 4 所示。

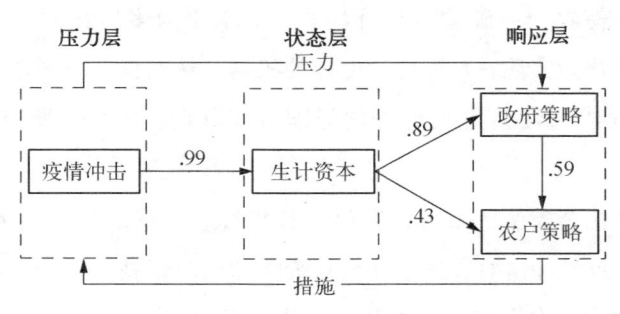

```
    压力层              状态层              响应层
    ┌──────┐          ┌──────┐          ┌──────┐
    │      │ ←──压力──┤      │      .89  │政府策略│
    │      │          │      │ ────────→ │      │
    │疫情冲击│  .99    │生计资本│           └──────┘
    │      │ ───────→ │      │             .59 ↕
    │      │          │      │      .43  ┌──────┐
    │      │          │      │ ────────→ │农户策略│
    │      │ ──措施──→│      │           │      │
    └──────┘          └──────┘          └──────┘
```

图 4　数据结构全模型图

在"疫情冲击—生计资本—政府策略—农户策略"路径中，从压力层到状态层的转化过程中，疫情加剧了农户面临的外部环境脆弱性，使其生计资本累积状况恶化，疫情导致的增收压力、就业压力和还贷压力越大，对农户的自然资本、物质资本、社会资本、人力资本和金融资本负向影响也越大，其标准化影响系数达 0.99。假设 H1-1 得到验证。可以看出，在疫情期间农户生计资本累积状况恶化的原因几乎全部源自疫情影响。在状态层到响应层的转化过程中，政府帮扶策略有助于降低农户对外部冲击的敏感性，疫情对农户生计资本冲击越严重，政府响应程度越高，越能促使政府帮扶策略的制定与实施，其标准化影响系数达 0.89。假设 H2-2 得到验证。在疫情期间，我国政府表现出强大的执政能力和响应能力，始终把人民生命安全和身体健康放在第一位，统筹做好疫情防控与经济社会发展的关系，通过精准施策推动经济社会快速恢复。在响应层内部，疫情背景下政府帮扶策略的实施有助于引导农户寻求多样化的生计恢复策略，政府越积极地制定和实施农户生计恢复干预措施，采取精准化的帮扶策略，农户也会越积极地寻求生计恢复策略的多样化，包括加快农耕进度、外出务工、自主创业和参加政府提供的公益性岗位等灵活的生计恢复方式，从而推动农户生计快速恢复，其标准化影响系数为 0.591。假设 H3-1 得到验证。基于"疫情冲击—生计资本—农户策略"路径,从状态层到响应层的转化过程中,农户生计资本状况越差,越刺激农户积极地寻求多样化的生计恢复策略,其标准化影响系数为0.43。假设H2-1得到验证。新冠疫情打破了农户原有的生产生活方式,改变了农户生计资本结构,迫使农户冲破原有生计模式,寻求更为多样化的生计恢复策略,将疫情危机转化为实现农户可持续生计的机遇,从而提高农村居民生活质量,为把我国建设成为社会主义现代化强国夯实基础。至此,所有假设均通过验证。

从数据结构全模型图中可以看出,潜变量之间不仅存在直接效应,还存在间接效应。疫情冲击对农户生计恢复策略和政府帮扶策略均存在间接效应,疫情冲击通过改变农户生计资本状况,从而影响农户生计恢复策略选择和政府帮扶策略的制定,其间接效应标准化系数分别为0.940和0.877。疫情冲击改变了农户生计资本状况,促使政府帮扶策略的制定与实施,从而引导农户积极寻求更为多样化的生计恢复策略,其间接效应标准化系数为0.525。政府在制定农户生计帮扶策略的过程中,不仅要考虑农户生计资本变化的直接效应,也要充分考虑疫情冲击对农户生计恢复策略所造成的间接影响,通过精准施策推动农户生计快速恢复,提高农户可持续生计能力和韧性能力。

(二)结果讨论

通过计算得出各观测变量对潜变量的预测力并进行排序,如表4所示。可以看出,疫情冲击EP对其观测变量EP1的直接效应为0.880,则EP1对EP的预测力为$0.880 \times 0.880 = 0.774$。同理,可求得疫情冲击3个观测变量的预测力与排序,以及所有潜变量的观测变量重要性排序。

表4 观测变量预测力排名统计表

	变量关系			因子载荷量	预测力	对各自潜变量的重要性排序
EP	EP1	<---	EP	.880	.774	1
	EP2	<---	EP	.566	.321	3
	EP3	<---	EP	.783	.614	2

续表

变量关系				因子载荷量	预测力	对各自潜变量的重要性排序
LC	LC1	<---	LC	.879	.772	3
	LC2	<---	LC	.598	.358	4
	LC3	<---	LC	.908	.824	1
	LC4	<---	LC	.537	.289	5
	LC5	<---	LC	.880	.775	2
GS	GS1	<---	GS	.733	.538	4
	GS2	<---	GS	.843	.710	2
	GS3	<---	GS	.849	.721	1
	GS4	<---	GS	.774	.599	3
RS	RS1	<---	RS	.708	.501	3
	RS2	<---	RS	.668	.446	4
	RS3	<---	RS	.849	.720	1
	RS4	<---	RS	.823	.677	2

从压力层到状态层，新冠疫情加剧了农户面临的外部环境脆弱性，恶化了农户生计资本状况，5大生计资本的损失程度由强到弱的排名依次是物质资本、金融资本、自然资本、社会资本和人力资本。首先，疫情造成大量农产品积压，导致农户增收压力增大，从而影响农户金融资本的积累；其次，受到疫情影响较大的是农户的自然资本，一方面原因可能是疫情造成的备耕进度受阻，另一方面原因可能是当地野猪泛滥而造成的农户粮食收入减少；再次，社会资本受疫情影响较弱，与我们的常识似乎有偏差，这实际体现了城乡差异，其实集中连片特困地区农户生活相对封闭、落后，非疫情时期其社会资本也相对较弱，较少获得外界的帮助，尤其是村以外的社会往来，所以即使是疫情，它对农户的社会资本影响也比较弱；最后，人力资本受疫情的冲击最小，一方面可能因为农村居民的就业方式比较灵活，他们平时在农耕之外更多的是在村子附近的县城打零工，就业本身就不太稳定，所以受疫情影响不大，另一方面可能是疫情期间青壮年大多外出务工，并没有返回村里，我们在调研期间发现，农村现有常住人口大多是老弱病残、留守妇女和留守儿童，因此疫情对农户的人力资本冲击相对较小。

从状态层到响应层，新冠疫情导致的农户生计资本状况越差，越能促进政府帮扶策略的制定与实施，从而引导农户生计快速恢复。政府帮扶策略响应程度排名依次是拓展农产品销路、还贷优惠政策、政府补贴和拓展就业岗位。疫情爆发之后，当地政府首先是帮扶措施是拓展农产品销路，这也比较符合农村实际，从农户实际需求出发，以最小的成本投入快速解决农户面临的迫切困境；其次是制定农户还贷优惠政策，减少其还贷压力；再次是政府补贴，在拓展农产品销路和实施还贷优惠政策之后，凸显出来的贫困户就更加需要政府补贴进行救济，以帮助他们渡过即时困境；最后是政府拓展就业岗位，包括两个方面，一方面是拓展企业就业岗位，为农户提供企业招聘信息，另一方面是政府直接为农村居民提供公益性就业岗位，从而帮助农村居民快速就业。

疫情冲击对农户生计恢复策略的影响有两条路径：一是"疫情冲击—生计资本—政府策略—农户策略"路径，其标准化影响系数为 0.591；二是"疫情冲击—生计资本—农户策略"路径，其标准化影响系数为 0.428。疫情背景下农户生计恢复策略选择的优先次序排名依次是外出务工、继续务农、自主创业、公益性岗位。在疫情冲击下，政府通过积极的帮扶策略的制定与实施，引导农户寻求更为多样化的生计恢复策略，从而推动其快速恢复正常的生产生活。农户的首要策略选择是外出务工、继续务农，这是大部分农户的两大主要收入来源，相较于传统的农业社会，农户的收入结构已发生巨大变化，农户的主要收入来源已由务农收入转变为务工收入；其次是自主创业，表明农户的自主创业意识和能力并不强，这就需要在乡村振兴中，注意激发农户的自主创业意识，培养其自主创业能力；排在最后的是公益性岗位，一方面可能是因为政府本身为农村居民提供的公益性就业岗位较少，另一方面是农村居民不太愿意到政府提供的公益性岗位就业。

基于以上研究结论，一方面，在疫后恢复阶段，政府要充分考虑到疫情冲击导致农户面临的收入、还贷和就业等压力因素，以及由于疫情冲击造成的农户生计资本结构变化，依据不同地区农户生计实际情景，制定有针对性的农户生计恢复帮扶策略，指导农户依据自身家庭情况选择最佳的生计恢复策略。同时，政府要充分权衡各影响因素间的相互作用关系，抓住关键影响因素，既要考虑直接影响，又要考虑间接影响，实现分区域、分类别、分阶段的精准化施策，从而使农户尽快摆脱疫情影响，恢复正常的生产生活，提高其生计可持续能力和韧性能力。另一方面，基于突发公共卫生事件演化规律，以及疫情对农户生计资本的冲击程度，政府应通过精准施策，调动农户自身的积极性，正确引导农户生计恢复策略的制定和选择，寻求多样化的生计恢复策略，提高农户的危机应对和学习能力，从而促进农户生计策略的优化提升，提高其可持续生计能力和韧性能力，实现农村居民持续增收。具体包括以下两个层面：

第一，从政府层面来讲，建立防止返贫的监测和帮扶机制，消除"因疫返贫""因疫致贫"的潜在风险。针对之前脆弱性较高的集中连片特困地区，建立防止返贫的监测和帮扶机制，把可能出现的返贫状况监测起来，通过村干部、驻村工作队员全面摸排清楚可能返贫的情况、群众受灾情况以及存在返贫致贫风险的农户情况，将其全部纳入监测帮扶范围，叠加落实低保、临时救助、以工代赈、公益岗位等各类帮扶措施，帮助农户解决就业创业、农产品销售等现实问题，分析原因，精准施策。建立快速响应机制，及时应对处置防返贫动态监测发现的问题和突发事件，留足防止因灾因疫返贫致贫资金，精准有效落实救助和帮扶措施。深化"扶贫先扶志"，激发生计脆弱性人群的内生动力，帮助农户树立自身的风险观念和主体观念，形成可持续生计长效保障机制。

全面摸排农户就业需求，加强技能培训，组织劳务输出，增加特设公益性岗位，帮助受灾群众通过就业增加工资性收入，最大限度减少疫情对脱贫群众收入的影响。一是提高农户再就业能力。从农户自身实际出发，分类对其进行切实有效的就业培训，尤其是针对再就业、就业技能等方面进行培训。二是拓展农户就业渠道。为农村居民搭建就业平台，通过与用工单位进行对接，拓宽农户外出务工就业渠道，优先安排家里有老弱病残的农户家属就地就业，制定精准的帮扶策略。三是强化企业帮扶政策。奉行积极的财政政策、稳健的货币政策，为企业复工复产提供降税、低息甚至免息的政策支持，降低企业运行成本,促进企业不断扩大经营规模,增加就业岗位。四是组织农村外出务工人员有序返岗就业。建立跨区域、跨部门的协调联动机制,协调解决外出流动人员跨区域流动问题,力求做到全过程、全流程服务。五是加大对农村居民自主创业的支持力度。提高小额贷款额度,降低贷款利息或政府贴息,为农户营造良好的自主创业生态氛围,推动实现农户生计策略多样化。

第二,从农户自身来讲,抓住疫情带来的生计模式重构机遇,促进农户生计策略多样化。农户生计策略多样化是农户持续增收的重要保障,其既可以是多元化的农业经营方式,也可以是家庭投资组合中的一系列非农生产活动。[2]疫情加剧了农户面临的外部环境脆弱性,使其生命健康受到严重威胁,对农户生计资本造成巨大冲击,给以传统农业和外出务工为主要收入来源的现代农户可持续生计带来压力。因此,农户应结合自身家庭状况和生计资本存量采取差异化的生计策略选择,抓住疫情危机带来的农户生计模式重构机遇,转危为机,探索更加多样化的生计策略,提高农村居民持续增收能力,防止"因灾致贫""因灾返贫"。例如:用好政策福利发展特色农业、现代农业、家庭农场、庭院经济等,推动农村一、二、三产业融合,提高农业生产附加值;将文化创意与农业生产、农产品加工包装、休闲娱乐有机结合,为乡村振兴探索可推广、可复制、稳定的生产生活方式;组建农业生产合作社,探索"公司+合作社+农户"发展模式,实现农户家庭经营的非农化;探索农林牧渔结合的立体循环种养模式,提高资源利用效率,增加农户收入。农户生计策略多样化能够催生新的生计结果,推动农户生计资本进入良性循环,提升农户应对外部冲击的抵抗能力和适应能力,从而实现农户生计模式优化重构,提高其可持续生计能力和韧性,为巩固脱贫攻坚成果与乡村振兴有效衔接打下坚实基础。

四 结论与展望

本文基于韧性视角,提出新冠疫情背景下农户生计韧性框架,具体而言,通过整合 SL 框架和 PSR 模型，构建新冠疫情背景下农户生计恢复策略影响路径分析模型，以集中连片特困地区宁强县为例，运用结构方程模型探讨了新冠疫情对农户生计恢复策略选择的影响因素及作用路径，阐释了新冠疫情对农户生计恢复策略选择的影响机理。通过实证分析得出如下结论：

1. 新冠疫情加剧了农户面临的外部环境脆弱性，使其生计资本累积状况恶化，弱化了农村居民持续增收的能力，导致农户就业压力、还贷压力和收入压力依次增大，物质资本、金融资本、自然资本、社会资本和人力资本 5 大生计资本的损失程度依次减弱。

2. 政府帮扶策略有助于降低农户对外部冲击的敏感性，新冠疫情对农户生计资本状况的冲击越严重，越会促进政府帮扶策略的制定与实施。新冠疫情导致农户生计资本状况越差，政府响应程度就会越高，也越会促进政府帮扶措施的制定与实施，从而引导农户生计恢复策略的多样化选择。政府帮扶策略的响应程度排名依次是拓展农产品销路、还贷优惠政策、政府补贴和拓展就业岗位。

3. 疫情冲击对农户生计恢复策略的影响有两条路径，一是"疫情冲击—生计资本—政府策略—农户策略"路径，二是"疫情冲击—生计资本—农户策略"路径。疫情冲击分别对政府帮扶策略的制定实施和农户生计恢复策略选择有间接效应，农户生计资本对农户生计恢复策略有间接效应。新冠疫情背景下农户生计恢复策略选择优先次序排名依次是外出务工、继续务农、自主创业和选择公益性岗位。

4. 农户生计策略多样化有助于降低农户面临外部环境时的脆弱性，新冠疫情对农户生计资本状况的冲击越严重，越会促使农户寻求更加多样化的生计恢复策略。新冠疫情打破了农户原有的生产生活方式，改变了农户生计资本结构状况，从而迫使农户冲破原有生计模式，积极寻求更为多样化的生计恢复策略，将疫情危机转化为实现农户生计可持续的机遇，提高农村居民持续增收的能力，为巩固脱贫攻坚成果与乡村振兴有效衔接夯实基础。

综上，本文基于韧性视角，提出新冠疫情背景下农户生计韧性框架，通过整合 SL 框架和 PSR 模型，构建新冠疫情背景下农户生计恢复策略影响路径分析模型，以集中连片特困地区宁强县为例，运用结构方程模型探讨了新冠疫情对农户生计恢复策略的影响因素及作用路径，阐释了疫情对农户生计恢复策略选择的影响机理，并提出了有针对性的对策建议。在理论层面上，将韧性理念引入农户生计系统研究中，提出了疫情背景下农户生计韧性研究框架，拓展了 SL 框架和 PSR 模型的适用范围，构建了新冠疫情对农户生计恢复策略选择影响路径的独特分析框架，丰富了农户生计韧性理论，为灾害背景下宏观上政府政策制定和微观上农户生计恢复策略选择的有机融合提供了思路。在实践层面上，有助于摸清当前集中连片特困地区农户生计资本结构、就业结构、受灾情况和致贫返贫农户底数，为当地政府实施乡村振兴和疫后农户生计恢复的相关政策制定提供了参考。

另外，为防止出现因疫返贫问题，从政府和农户两个层面，基于农户受灾情况和生计资本结构提出了切实可行的农户生计策略多样化对策建议，为巩固脱贫攻坚成果与乡村振兴的有效衔接指明了方向。同时，本研究也存在一定的局限性，即仅通过截面数据研究了新冠疫情对农户生计恢复策略选择的影响机理，缺乏持续追踪数据，以针对农户生计策略选择对其生计资本的反向影响的循环效应进行深入探究，对生计资本之间的协同效应和组合效应也没有进行分析，这也为今后研究指明了方向。此外，受当前疫情形势影响，调研难度较大，未来可以通过扩大调研区域和样本量，从区域差异上体现农业恢复政策制定的差异化。

参考文献

[1] 彭进，叶慧，杨海晨，陈敏莉. 新冠肺炎疫情冲击对居民生计和脱贫攻坚影响研究 [J]. 中国经贸导刊（中），2021（2）：14-17.

[2] 陈水光，苏时鹏. 重大疫情冲击下的农户生计风险及应对策略——基于福建山区的个案调查 [J]. 福建农林大学学报（哲学社会科学版），

2020, 23 (4): 1-6.

[3] 叶兴庆, 程郁, 周群力, 殷浩栋. 新冠肺炎疫情对 2020 年农业农村发展的影响评估与应对建议 [J]. 农业经济问题, 2020 (3): 4-10.

[4] 莫潇杭. 杭州城市边缘区乡村旅游地农户生计韧性测度及影响因素研究 [D]. 浙江工商大学, 2020.

[5] 唐任伍, 郭文娟. 乡村振兴演进韧性及其内在治理逻辑 [J]. 改革, 2018 (8): 64-72.

[6] 李小云, 杨宇, 刘毅. 中国人地关系的历史演变过程及影响机制 [J]. 地理研究, 2018, 37 (8): 1495-1514.

[7] 温晓金. 恢复力视角下山区社会——生态系统脆弱性及其适应 [D]. 西北大学, 2017.

[8] 郭永锐, 张捷, 张玉玲. 旅游目的地社区恢复力的影响因素及其作用机制 [J]. 地理研究, 2018, 37 (1): 133-144.

[9] B. J. Ajak. Livelihood Resilience and Adaptation to Climate Variability in Post-Conflict South Sudan—A Review [J]. Agricultural Reviews, 2018, 39 (3): 193-201.

[10] G. A. Wilson. Community Resilience and Environmental Transitions [J]. Environmental Values, 2012, 21 (4): 536-538.

[11] 雷晓康, 汪静. 乡村振兴背景下农村贫困地区韧性治理的实现路径与推进策略 [J]. 济南大学学报 (社会科学版), 2020, 30 (1): 92-99+159.

[12] R. Chambers. Sustainable Rural Livelihoods: A Key Strategy for People, Environment and Development [A]. In C. Conroy and M. Litvinoff (eds.) The Greening of Aid, Sustainable Livelihoods in Practice [C]. London: Earthscan, 1988: 1-44.

[13] J. Walter. World Disasters Report 2004: Focus on Community Resilience [R]. 2004.

[14] S. Gyawali, S. R. Tiwari, S. B. Bajracharya, et al. Promoting Sustainable Livelihoods: An Approach to Post-Disaster Reconstruction [J]. Sustainable Development, 2019, 28 (4): 626-633.

[15] A. Sen. Famines and Poverty [M]. London: Oxford University Press, 1981.

[16] 汤青. 可持续生计的研究现状及未来重点趋向 [J]. 地球科学进展, 2015, 30 (7): 823-833.

[17] I. Scoones. Sustainable Rural Livelihoods: A Framework for Analysis. [J] Subsidy or Self, 1998.

[18] 汤青,徐勇,李扬. 黄土高原农户可持续生计评估及未来生计策略——基于陕西延安市和宁夏固原市1076户农户调查 [J]. 地理科学进展, 2013, 32 (2): 161-169.

[19] J. F. Hair, R. E. Anderson, R. L. Tatham, W. Black. Multivariate Data Analysis with Readings (5th edition) [M]. Upper Saddle River, New Jersey: Prentice Hall, 1998.

[20] 张时飞. 为城郊失地农民再造一个可持续生计——宁波市江东区的调查与思考 [J]. 公共管理高层论坛, 2006 (2): 133-147.

[21] 苏芳,蒲欣冬,徐中民,王立安. 生计资本与生计策略关系研究——以张掖市甘州区为例 [J]. 中国人口·资源与环境, 2009, 19 (6): 119-125.

[22] J. Forster, I. R. Lake, A. R. Watkinson, et al. Marine Dependent Livelihoods and Resilience to Environmental Change: A Case Study of Anguilla [J]. Marine Policy, 2013, 45: 204-212.

[23] D. J. Rapport. What Constitutes Ecosystem Health? [J]. Perspectives in Biology and Medicine, 1989, 33 (1): 120-132.

[24] A. Adriaanse. Environmental Policy Performance Indicators [M]. Uitgeverij, The Hague: A Study on the Development of Indicators for Environmental Policy in The Netherlands, 1993.

[25] 李聪,王磊,康博纬,高梦. 易地移民搬迁农户的生计恢复力测度及影响因素分析 [J]. 西安交通大学学报（社会科学版）, 2019, 39 (4): 38-47.

[26] 李琳,陈东. 贫困地区可持续发展指标体系及其综合评估——以湖南湘西贫困地区为例 [J]. 中国人口·资源与环境, 2004 (3): 71-76.

[27] S. L. Cutter, L. Barnes, M. Berry, et al. A Place-Based Model for Understanding Community Resilience to Natural Disasters [J]. Global Environmental Change, 2008, 18 (4): 598-606.

[28] 方海波,任声策,蔡三发. 重大突发公共卫生事件中建筑企业脆弱性评价——基于PSR模型的分析 [J]. 中国经贸导刊（中）, 2020 (10): 151-153.

[29] M. A. Rudd. An Institutional Framework for Designing and Monitoring Ecosystem-Based Fisheries Management Policy Experiments [J]. Ecological Economics, 2004, 48 (1): 109-124.

[30] C. H. Ou, W. H. Liu. Developing A Sustainable Indicator System Based on the Pressure-State-Response Framework for Local Fisheries: A Case Study of Gungliau, Taiwan [J]. Ocean and Coastal Management, 2010, 53 (5): 289–300.

[31] J. H. Martins, A. S. Camanho, M. B. Gaspar. A Review of the Application of Driving Forces-Pressure-State-Impact-Response Framework to Fisheries Management [J]. Ocean and Coastal Management, 2012, 69 (1): 273–281.

[32] X. S. Guo, N. Kapucu. Examining the Impacts of Disaster Resettlement from a Livelihood Perspective: A Case Study of Qinling Mountains, China [J]. Disasters, 2018, 42 (2): 251–274.

[33] R. Chambers, G. Conway. Sustainable Rural Livelihoods: Practical Concepts for the 21st Century Institute of Development Studies [Z]. IDS Discussion Paper 296, Brighton: IDS, 1992.

[34] L. Tsai, R. Blair, B. Morse. Patterns of Trust and Compliance in the Fight Against Ebola: Results from A Population-Based Survey of Monrovia, Liberia (Economic Impacts of Ebola Bulletin 3) [R]. International Growth Centre (IGC), 2015.

[35] T. T. Gatiso, O. N. Isabel, G. Trokon, et al. The Impact of the Ebola Virus Disease (EVD) Epidemic on Agricultural Production and Livelihoods in Liberia [J]. Plos Neglected Tropical Diseases, 2018, 12 (8): 1–17.

[36] 彭进, 叶慧, 杨海晨, 陈敏莉. 新冠肺炎疫情冲击对居民生计和脱贫攻坚影响研究 [J]. 中国经贸导刊 (中), 2021 (2): 14–17.

[37] 陈宝国, 应秋阳. 可持续生计框架视域下"因疫返贫"的原因及对策 [J]. 福建商学院学报, 2020 (4): 49–54+63.

[38] 苏芳. 农户生计风险对其生计资本的影响分析——以石羊河流域为例 [J]. 农业技术经济, 2017 (12): 87–97.

[39] 苏芳, 尚海洋. 农户生计资本对其风险应对策略的影响——以黑河流域张掖市为例 [J]. 中国农村经济, 2012 (8): 79–87+96.

[40] 赵靖伟. 农户生计安全问题研究 [D]. 西北农林科技大学, 2011.

[41] 郭秀丽, 杨彬如. 贫困民族地区农户生计策略选择分析——以甘南州夏河县为例 [J]. 中国农业资源与区划, 2020, 41 (11): 252–258.

[42] S. O. Saldana-Zorrilla. Stakeholders' Views in Reducing Rural Vulnerability to Natural Disasters in Southern Mexico: Hazard Exposure and Coping and Adaptive Capacity [J]. Global Environmental Change, 2008, 18 (4):

583-597.

[44] T. Tanner, D. Lewis, D. Wrathall, et al. Livelihood Resilience in the Face of Climate Change [J]. Nature Climate Change, 2014, 5 (1): 23-26.

[44] 熊思鸿, 阎建忠, 吴雅. 农户生计对气候变化的恢复力研究综述 [J]. 地理研究, 2020, 39 (8): 1934-1946.

[45] I. Scoones. Sustainable Rural Livelihoods: A Framework for Analysis [R]. IDS Working Paper 72, 1998.

[46] 胡晗, 司亚飞, 王立剑. 产业扶贫政策对贫困户生计策略和收入的影响——来自陕西省的经验证据 [J]. 中国农村经济, 2018 (1): 78-89.

[47] 李聪, 李书苗, 费尔德曼. 微观视角下劳动力外出务工与农户生计可持续发展 [M]. 北京: 社会科学文献出版社, 2014.

[48] 马志雄, 张银银, 丁士军. 失地农户生计策略多样化研究 [J]. 华南农业大学学报 (社会科学版), 2016, 15 (3): 54-62.

[49] 黄建伟. 失地农民可持续生计问题研究综述 [J]. 中国土地科学, 2011, 25 (6): 89-95.

[50] Y. P. Fang, F. B. Zhu, X. P. Qiu, et al. Effects of Natural Disasters on Livelihood Resilience of Rural Residents in Sichuan [J]. Habitat International, 2018, 76: 19-28.

[51] 吕德宏, 吕京娣. 西部农户小额信贷还款率影响因素分析 [J]. 商业研究, 2011 (7): 94-98.

[52] 何仁伟, 李光勤, 刘运伟, 李立娜, 方方. 基于可持续生计的精准扶贫分析方法及应用研究——以四川凉山彝族自治州为例 [J]. 地理科学进展, 2017, 36 (2): 182-192.

[53] T. Tanner, D. Lewis, D. Wrathall, et al. Livelihood Resilience in the Face of Climate Change [J]. Nature Climate Change, 2014, 5 (1): 23-26.

[54] 汤青, 徐勇, 李扬. 黄土高原农户可持续生计评估及未来生计策略——基于陕西延安市和宁夏固原市1076户农户调查 [J]. 地理科学进展, 2013, 32 (2): 161-169.

[55] 黄伟. 风险冲击、脆弱性与农户贫困关系研究 [D]. 华中农业大学, 2008.

[56] M. J. Marschke, F. Berkes. Exploring Strategies that Build Livelihood Resilience: A Case from Cambodia [J]. Ecology & Society, 2006, 11 (1): 709-723.

[57] 叶兴庆, 程郁, 周群力, 殷浩栋. 新冠肺炎疫情对2020年农业农村发展的影响评估与应对建议 [J]. 农业经济问题, 2020 (3): 4-10.

Influencing Factors and Pathways of Rural Households' Choice of the Livelihood Recovery Strategies in the Context of COVID-19
—Discussion based on the Perspective of Livelihood Resilience

Guo Xuesong   Huang Jixin

Abstract: Taking Ningqiang county in Shaanxi province as an example, the PSR framework and the Sustainable Livelihood framework are integrated from the perspective of livelihood resilience, with impact of COVID – 19 on rural households' choices of livelihood recovery strategies analyzed, identifying the factors affecting any rural households' livelihood recovery strategies. The results indicate that COVID – 19 affects various areas of rural households' livelihood, including employment, income, production and lifestyles, increasing the risk of poverty-returning. Therefore, some measures, such as government supports, precise external intervention and diversified livelihood strategies, are critical to achieve effective livelihood recovery. On the other hand, some opportunities should be focused and utilized to reconstruct livelihood modes to establish sustainable livelihood modes.

Keywords: COVID-19; Livelihood Recovery Strategies; Sustainable Livelihood; Livelihood Resilience

全球疫情防控下我国对外人道主义
援助制度优化研究[*]

曹俊金[**]

摘 要： 我国对外提供的抗疫人道主义援助具有践行人类命运共同体理念、贯彻落实总体国家安全观、促进中国与世界的良性互动、拓展"一带一路"合作维度等现实意义。随着国际社会全面进入疫情防控常态化阶段，疫情防控国际人道主义援助需求与日俱增，我国应在前期对外抗疫援助基础上进一步加强与疫情防控相关的人道主义援助力度。我国对外人道主义援助存在国内法律制度支撑不足、国内机制支持不足、资金供给压力升级等现实挑战，需要通过推动对外人道主义援助相关立法、完善人道主义援助机制、拓展人道主义援助资金渠道等多个维度来确保我国的对外抗疫援助工作得以顺利推进。

关键词： 新冠肺炎 人类命运共同体 对外抗疫援助 对外人道主义援助

---

[*] 基金项目：本文受 2018 年度国家社科基金重大项目"构建人类命运共同体国际法治创新研究"（18ZDA153）、2021 年度国家社科基金一般项目"新时代中国国际发展合作战略与实现路径研究"（21BGJ070）、2021 年上海市"曙光计划"项目"我国对外援助立法问题研究"（21SG57）资助。

[**] 曹俊金，法学博士，政治学博士后，同济大学中国战略研究院研究员，上海政法学院副教授、硕士生导师。

对外人道主义援助是受援国由于自然灾害、事故灾难、公共卫生事件和社会安全事件等面临人道主义灾难或危机时，我国主动或基于受援国请求，向受援国提供物资、现汇或救援人员等多种形式的援助，以此缓解其面临的人道主义挑战。新型冠状病毒肺炎（以下简称"新冠肺炎"）在全球范围内迅速蔓延，已成为"二战"结束以来人类面临的最为严重的全球共同卫生危机。[1]习近平总书记在多个不同场合反复强调，应站在人类命运共同体的高度深化疫情防控国际合作，向其他出现疫情扩散的国家和地区提供力所能及的援助，体现负责任大国担当。因而，在国内疫情得到初步控制之后，我国在做好"外防输入、内防反弹"工作的同时，通过对其他国家提供疫情防控人道主义援助（以下简称"对外抗疫援助"）以帮助其遏制疫情进一步蔓延，这成为我国当前面临的重要课题。对外抗疫援助是我国对外人道主义援助的重要方式，本文立足于对外抗疫援助的现实意义，结合我国当前开展对外抗疫援助的基本现状与趋势，分析我国对外人道主义援助制度现实对抗疫援助产生的法律、体制与资金压力，并以此为基础探求相应的制度优化方案。

一 全球疫情防控下我国对外人道主义援助的现实意义

（一）践行人类命运共同体理念

自党的十八大以来，习近平总书记在国内外多个重要场合反复阐释人类命运共同体理念的内涵，强调通过构建人类命运共同体应对人类共同挑战，实现全球发展。人类命运共同体理念得到大量事实的支持：人类在同一个全球生态环境下生存，而人类活动的全球化也带来了气候变化、难民危机、毒品走私、恐怖主义、传染性疾病等全球性问题。[2]本次新冠肺炎疫情再次成为人类命运共同体理念的有力证据，正如习近平总书记指出的：本次新冠疫情在全球蔓延再次表明"病毒没有国界，疫情不分种族"，人类是一个休戚与共的命运共同体，任何国家都不能置身其外、独善其身。

新冠肺炎病毒具有高传染性、快速传播性的特点，比2003年非典型肺炎

（SARS）的传染性高得多，且病毒在早期缺乏严格的监测、隔离与社交干预措施的情况下具有潜在的快速传播性。[3]即使是医疗资源相对丰富的发达国家，也由于疫情爆发初期部分国家并未对新冠肺炎充分重视，使得疫情在这些国家迅速传播、病例激增，进而挤兑医疗资源，加重医疗卫生机构的工作负担，导致新冠病毒确诊死亡风险上升，如法国、比利时、意大利、英国、荷兰、西班牙、瑞典等医疗资源充裕的发达国家前期确诊死亡风险超过10%。对于医疗资源匮乏的脆弱国家而言，徘徊于饥饿边缘的群体几乎没有机会获取医疗服务，甚至无法获得隔离空间或者保持社交距离[4]，如果疫情进一步深度蔓延而无法得到有效缓解，其国内感染新冠肺炎的确诊人数将难以控制。

可以说，对于疫情重灾国而言，如果缺乏外部世界的防疫抗疫技术信息合作、防控物资商业合作与应急医疗卫生援助，其国内疫情防控形势将更为严峻。人类社会能否彻底战胜疫情并不取决于个别国家的疫情是否得到控制，我们唯有以人类命运共同体为基本理念，通过加强疫情防控国际合作帮助他国提升其疫情防控能力，才有可能阻止疫情在世界各国反复爆发，从而与国际社会一道，共同度过此次危机。

（二）贯彻落实总体国家安全观

面对日益复杂的国际国内安全形势，我国于2014年正式提出"总体国家安全观"的概念，构建、完善总体国家安全体系。生物安全、生态安全、网络安全等非传统领域的安全挑战已日益成为总体国家安全体系的重要议题。相较于国土安全、政治安全、军事安全等传统安全挑战而言，非传统安全事件所引发的连锁效应更具复杂性与多元性，往往会勾连出多个领域的损失而对国家和社会造成巨大冲击。[5]新冠肺炎疫情是一次全球性的非传统安全事件，属于重大的生物安全事件。2020年2月14日，习近平总书记指出："要从保护人民健康、保障国家安全、维护国家长治久安的高度，把生物安全纳入国家安全体系，系统规划国家生物安全风险防控和治理体系建设，全面提高国家生物安全治理能力。"[6]此后，我国于2020年10月通过《生物安全法》，并推动《传染病防治法》等相关法律法规的修改工作，将生物安全纳入总体国家安全体系，并从国内制度入手完善以新冠肺炎疫情为代表的生物安全事件的内部治理体系，加强生物安全治理，应对重大新发突发传染病、动植物疫情等生物安全风险。

生物安全威胁既可能来自本土的原发性威胁，也可能来源于生物安全威胁的跨境传播。我国本土的新冠肺炎疫情得到较好的控制以后，国内疫情防控工作的主要挑战则来源于国外病例与病毒的跨境输入和传播。因而，统筹外部安全和内部安全是总体国家安全观对生物安全治理的要求[7]，生物安全治理是外部安全与内部安全、自身安全与共同安全的有机统一[8]。从疫情防控现实而言，不少国家难以依靠本国的医疗卫生体系应对新冠肺炎疫情的袭击，这不仅对其自身的经济、社会正常运转造成了重大影响，也不可避免地导致疫情外溢，使我国承受着较大的疫情防控外来风险。有鉴于此，应对生物安全问题可能带来的风险与危机需要国际社会的共同参与应对。[9]我国通过与国际社会共享科研数据、对外提供各类抗疫援助等方式，与国际社会紧密开展国际合作，共同抗击新冠肺炎疫情，积极承担起生物安全治理的国际责任，是贯彻落实总体国家安全观、有效应对境外生物安全风险的重要举措。

（三）促进中国与世界的良性互动

由于新冠肺炎疫情最早在武汉被发现并公开通报，出于对病毒的恐惧，不少国家、地区涌现出对华人、亚裔群体的歧视性行为，反华排华情绪持续升级。[10]部分国家政要将病毒污名化、政治化的做法进一步加剧了反华排华的种族主义情势，如美国前总统特朗普意图通过将病毒污名化的方式将本国抗疫不力的责任转移给中国[11]，美国前国务卿蓬佩奥甚至在七国集团外长会议上企图强行将"武汉病毒"写入联合声明[12]，诸如此类的错误做法致使针对华人、亚裔的侮辱、伤害案件数量迅速上升。以美国为例，2020年1—2月份针对亚裔美国人的种族主义事件和排外行为超过1000例，而自特朗普在国内反复将新冠病毒标签化以后的一周内，针对亚裔美国人实施的种族歧视事件就超过了650起。[13]疫情在全球进一步蔓延而导致的生活生存危机及部分国家对病毒的政治化运作，难免会对中国与世界的关系造成消极影响。

实际上，随着全球化的深入发展，中国已成为推动全球治理和世界变革的核心力量之一。世界面对着一个全面崛起且更加自信、开放的中国，中国面对着一个形势更加复杂多变、更加深刻，机遇与挑战并存的世界。[14]中国与世界的互动是一项颇具特色的历史进程，是两个世界相互试探、碰撞的历史，是中国传统的"世界秩序"被打破、被强行纳入、历尽挣扎并逐步适应西方主导的国际体系的历史，也是中国融入并影响进而塑造世界的历史，这一互动加速了中国的变革，也促进了世界的转型。[15]可以说，中国与世界的良性互动是中国实现自身发展、贡献全球发展和共建美好世界的基本前提。在全球疫情防控的大背景下，中国必须坚持正确义利观，通过团结协作，及时回应有关国家的疫情防控援助需求，用实际行动展现中国人民、政府的善良、情谊与担当，为进一步促进中国与世界的良性互动奠定情感基础。

（四）拓展"一带一路"合作维度

为了防止疫情进一步蔓延，世界各国采取了不同程度的"封城""封国"措施，这些防控措施在隔离病毒的同时不可避免地限制了人员、资本的跨境流动，不仅影响一国内部的经济发展和社会稳定，也可能冲击国家间政治、经济和外交关系，乃至加速推动"逆全球化"的趋势。[16]"一带一路"倡议是中国在推进全球化进程中提出的重要国际合作方案[17]，交通受阻、人员隔离、筹资放缓、施工中断等情况将对那些投入巨大、见效慢、周期长的基础设施投资项目产生一定压力[18]，新项目的谈判与启动也将有所放缓，可能会对"一带一路"建设推进产生影响。

我国的对外抗疫援助至少可以对"一带一路"建设产生三个方面的积极影响：第一，对外抗疫援助不仅可以有效维系我国与"一带一路"合作伙伴之间的经济与情感互动、增进合作共识，也能为我国海外的"一带一路"项目从业人员提供及时的医疗保障，尽可能降低疫情对"一带一路"项目建设的负面影响。第二，通过抗疫援助帮助"一带一路"合作伙伴做好疫情防控工作，提前部署并制定疫情防控方案，最大限度降低疫情对"一带一路"沿线国家公共卫生安全的威胁，同时积极推动新一轮的卫生合作项目[19]，携手打造"健康丝绸之路",促进民心相通,推动"一带一路"建设多维发展。第三,通过对外抗疫援助帮助"一带一路"合作伙伴,特别是其中的最不发达国家抗击疫情,缓解"一带一路"合作伙伴的严峻疫情形势并提升其人权状况,能够有效缓解中西方的文化冲突,耦合中西方之间的价值理念,进一步提升发达国家对我国"一带一路"倡议的价值认同,扩大"一带一路"朋友圈。

二 我国对外抗疫人道主义援助的基本情况

在疫情国内爆发阶段,我国疫情防控重点在于内防扩散、防治结合,疫情防控国际合作以接受物资外援、国家间疫情信息交流为主。随着国内疫情得到初步控制,防疫用品产能逐步提升,我国逐渐从新冠肺炎疫情防控的受援国向疫情防控的援助国转变,对外抗疫援助力度不断升级。

(一)疫情全球多点爆发阶段(2020年2月中旬—3月上旬)

2020年2月中旬开始,我国国内疫情防控形势依然严峻,但防控效果已经初步显现,而新冠肺炎病例此时开始在不同区域、不同国家多点爆发,日本、韩国、伊朗、意大利等国新冠肺炎病例迅速增长。考虑到疫情蔓延的复杂情势,本阶段我国采取内防扩散与外防输入并重的策略,并向疫情严重的国家提供力所能及的援助。

这一阶段的对外抗疫人道主义援助主要以四种方式开展:第一,抗疫技术援助,包括与多个国家、地区、国际组织等分享疫情防控和诊疗方案等技术文件,通过视频、电话会议等远程技术手段,向有关国家与国际组织的医疗技术人员交流传授诊疗方案和救治经验,帮助其他国家医疗技术人员开展疫情防控。第二,抗疫物资援助,我国在满足自身抗疫需求的基础上,通过中央政府、地方政府及民间等多个维度向疫情严重国家捐赠检测试剂盒、口罩、防护服等医疗、防疫物资。第三,开始派遣援外医疗专家团队,如2020年2月29日我国红十字会志愿专家团队携带检测试剂盒抵达德黑兰支持伊朗新冠肺炎疫情防控工作[20],又如应伊拉克红新月会请求,我国红十字会总会于 2020 年 3 月 7 日派遣志愿专家团队一行 7 人从广州飞赴巴格达支援伊拉克新冠肺炎疫情防控工作。[21]第四，抗疫现金援助，2020 年 3 月 7 日我国决定向世界卫生组织捐款 2000 万美元，支持世界卫生组织开展抗击新冠肺炎疫情的国际合作，以便推进新冠肺炎防控、发展中国家公共卫生体系建设。

（二）疫情全球扩散蔓延阶段（2020 年 3 月中旬—6 月）

2020 年 3 月中旬开始，我国国内疫情得到有效控制，但由于国际社会大部分国家都没有对疫情防控问题报以足够的重视，没有珍惜中国严防死守给国际社会提供的宝贵窗口期，致使疫情由分散多点爆发迅速蔓延到全球各地。新冠病毒攻击对象的无差别性致使欧美各国的新冠肺炎确诊人数呈指数级增长，世界卫生组织对疫情进行评估后认为新冠肺炎构成"全球性流行病"（pandemic）。[22]据世界卫生组织 2020 年 4 月 12 日数据，全球新冠肺炎确诊病例总数超过 169 万例，遍及 213 个国家和地区，新冠肺炎疫情已经基本扩散蔓延到世界各地。此后，新冠肺炎疫情肆虐于美国以及欧洲国家等经济发达、医疗卫生体系完善的发达国家的同时，也在拉美和加勒比海地区、非洲等公共医疗卫生体系较为薄弱的广大发展中国家继续蔓延。截至 2020 年 5 月 31 日，全球共有 593 万人确诊，日新增 117551 例，且疫情仍在全球各地快速蔓延，世界各国面临巨大的疫情防控压力。大部分发达国家能够凭借自身的医疗体制和医疗资源来应对疫情蔓延，但发展中国家政府对传染病的响应能力严重依赖于当地的治理环境、政府财政健康状况以及预算权力[1]，因而其对新冠肺炎疫情的响应速度与处置效果远远落后于发达国家。在此背景之下，不少国家单凭本国之力已难以有效应对疫情挑战，疫情防控国际合作需求与疫情蔓延呈同步增长，疫情严重国家和公共卫生体系脆弱国家纷纷向我国提出抗疫援助请求。

病毒没有国界，新冠肺炎疫情是全人类共同面临的威胁，我国从人类命运共同体的高度出发，在前期疫情防控合作基础上对国际社会与日俱增的抗疫援助需求迅速做出响应：第一，进一步丰富了对外抗疫援助的方式，帮助部分疫情严重、防疫能力薄弱的国家建设新冠肺炎临时隔离医院建设项目、定点诊疗医院等援外成套项目。[23]第二，进一步扩大了对外抗疫援助对象范围，我国对外抗疫合作的范围不仅包括疫情严重、公共卫生体系薄弱的国家，也包括意大利、西班牙、法国等发达国家，还包括世界卫生组织、欧盟等国际组织[24]，到这一阶段为止我国共向127个国家和4个国际组织提供包括医用口罩、防护服、检测试剂等在内的物资援助。[25]第三，进一步加大了对外抗疫援助力度，继续推动国际医疗技术远程交流，加强疫苗、药品等的合作研发力度，向国际社会无私分享抗疫经验和诊疗救治方案，到2020年4月中旬为止累计向150多个国家以及国际组织举行了70多场专家视频会[26]，在保障国内疫情防控医疗人员需求的基础上，陆续向意大利、伊朗、塞尔维亚、柬埔寨、巴基斯坦、菲律宾、老挝、缅甸、委内瑞拉、哈萨克斯坦、俄罗斯等10多个国家派遣医疗专家组，帮助、指导当地疫情防控。[27]第四，形成多元主体参与的对外抗疫援助新局面，除中央政府向国际社会提供援助抗击疫情之外，我国地方政府、企业、民间机构和个人也都参与到对外抗疫援助之中，民间援助成为疫情防控国际合作中的重要力量。

（三）全球疫情防控常态化阶段（2020年7月至今）

由于疫情防控措施会给全球经济和社会带来严重的影响，部分国家选择逐步放松疫情防控措施以重启其经济社会活动，并因而导致疫情的严重反弹，这表明疫情远未结束，人类应做好长期应对疫情的准备。[28]可以说，随着疫情的蔓延和反复，以及人类对新冠肺炎疫情的认识不断加深，新冠肺炎疫情无法在短期内消失已基本成为一种共识，因而疫情防控措施的常态化已成为全球疫情防控的基本现象。在新冠肺炎疫情肆虐于公共卫生体系脆弱国家并逐渐侵蚀其发展能力时，中国对外提供力所能及的抗疫援助，是坚持正确义利观、体现大国担当、构建人类命运共同体的必然要求。

进入全球疫情防控常态化阶段之后，随着部分发展中国家的国内发展状况在疫情下逐步恶化，同时，中国自主研发的疫苗开始投产与推广使用，中国对外抗疫援助在前一阶段的基础上又体现出如下四个方面的特点：第一，随着受到疫情深度影响的国家数量逐步增加，向我国提出抗疫援助的国家和国际组织数量也进一步增加，我国对外抗疫人道主义援助的规模和力度也随之进一步提升。例如，2020年，我国先后向150多个国家和13个国际组织提供了口罩、防护服、呼吸机、氧气瓶等抗疫物资、医疗物资和检测设备，还向34个国家派出了37支医疗专家组，组织开展了近千场技术指导，和各国分享抗疫的经验，并向世界卫生组织提供了5000万美元的现汇援助，向联合国机构和其他相关国际组织提供了5000万美元的援款。[29]第二，由于全球疫情防控下外部的应急抗疫援助不可能从根本上阻止疫情在受援国的蔓延，受援国自身的疫情防控能力提升成为其有效遏制疫情的基本保证，因而相较于前期以医疗技术交流、医疗物资援助等应急为主的对外抗疫人道主义援助，这一阶段我国的对外抗疫援助方式更为多元，通过加强对受援国的公共卫生基础设施建设援助以提升其自身的疫情防控能力，从对外抗疫援助初期以应急援助为主的模式转向当前以应急援助与能力提升援助并重的模式。第三，随着我国自主研发疫苗的不断成熟，中国逐渐加大了对其他发展中国家的疫苗对外援助力度，这不仅成为对外抗疫援助的新形式，也必然成为全球疫情防控最为有利的武器。例如，2021年以来，我国已经向106个国家和4个国际组织提供超过15亿剂疫苗，为防控疫情、引领抗疫合作发挥重要作用。[29]第四，由于新冠肺炎疫情已难以避免地对公共卫生体系脆弱国家的经济生产与农业生产产生巨大负面影响，进而严重危及其国内公民的生存与收入状况，对外抗疫人道主义援助在内容上已逐步从"抗疫人道主义援助"拓展到经济合作、债务减免、粮食援助等与公共卫生体系脆弱国家国内公民基本生存权利和基本生活保障相关的"抗疫相关的人道主义援助"领域，使得疫情防控相关的人道主义援助的内涵变得更为广泛。

三 全球疫情防控下对外人道主义援助制度面临的挑战

通过全球合作抗击疫情已经成为国际社会的基本共识，推进对外抗疫援助受到人道主义关切与政治经济战略的双重驱动，保障对外抗疫援助工作有序、高效推进是当前全球疫情防控合作的重中之重。然而，对外抗疫援助不同于普通的经济援助，严格意义上而言属于对外人道主义援助的范畴，由于我国的对外人道主义援助制度并不完善，在全球疫情防控的大背景下，面临着来自法律制度、体制机制、资金供给等方面的现实挑战，这都可能成为今后推进对外抗疫援助工作的羁绊。

（一）对外人道主义援助制度对抗疫援助的法律支持不足

对外抗疫援助是对外人道主义援助的重要领域，需要相应的对外人道主义援助法律制度为对外抗疫援助提供制度支撑，但我国当前对外人道主义援助领域存在严重的法律短板。

1. 对外人道主义援助领域高位阶立法缺失

尽管我国 2018 年通过的《中华人民共和国宪法修正案》在序言中明确规定"发展同各国的外交关系和经济、文化交流，推动构建人类命运共同体"，理论上为我国通过对外援助工作推动人类命运共同体构建提供了根本法依据，但我国当前并未制定关于对外人道主义援助的专门立法，也不存在相关立法就对外人道主义援助问题作出规定，导致《宪法》的前述规定对人道主义援助而言止步于理念指引，缺乏直接的规范依据与行动指南。除此之外，由于我国已经逐步形成了中国特色社会主义法律体系，财政预算、行政许可、行政处罚、政府采购等领域的权力运行均已受到相关法律约束，这决定我国对外人道主义援助工作必须对接既存法律规范以满足合法性要求。但境外突发事件的不可预期性决定对外人道主义援助存在临时性、灵活性特征，对人道主义援助的预算编制与执行、援助资质许可、援助违法惩治及援助采购等工作提出一定的特殊需求，高位阶立法缺失的现实致使人道主义援助工作难以与现有法律制度体系形成良性互动。

2. 对外人道主义援助领域法律规范可操作性不足

我国目前不仅尚未出台对外人道主义援助高位阶立法，在国务院行政法规层面、援外主管部门规章层面也尚未制定或公开对外人道主义援助的专门规范，关于对外人道主义援助的规定散见于援外部门规章、规范性文件的个别条款，致使人道主义援助法律规范针对性、可操作性严重不足。目前就对外人道主义援助做出实质性规定的是 2021 年国家国际发展合作署（以下简称

"国合署")、外交部、商务部三部委联合发布的《对外援助管理办法》,主要规定人道主义援助项目的内涵、人道主义援助的受援方范围、人道主义援助的援助方式以及紧急人道主义援助的方案拟定等四项零散的内容。关于对外人道主义援助决策与外交战略的对接、对外人道主义援助项目立项具体程序、物资采购、人员安排、实施管理及民间援助等问题,都缺乏具有可操作性的法律规定。例如,对外援助受援国一般正经历着较混乱的政局与较严峻的治安形势,在这些国家中工作会使援助人员面临着各种自身安全问题[30],尽管《对外援助管理办法》对援外人员的安全问题作了原则规定,但缺乏与其他相关法律制度的对接细则,具有可操作性的配套制度也尚不健全。再如,对外人道主义援助往往具有临时性、紧急性特征,援外物资采购、检测等时间相对有限,但援外物资、援外产品的质量要求又普遍比较高,关于援助物资的产品质量及产品责任问题是适用于当前国内的产品质量相关法律制度,还是需要制定专门的援助规定,则需要更为明确和更具专门性的规定。当前对外人道主义援助法律规范较为原则、可操作性不足的现象较为普遍,难以满足对外人道主义援助时效性、战略性较强的要求。

(二) 对外人道主义援助制度对抗疫援助的体制支持不足

如前所述,我国并没有对外援助专门立法或者对外人道主义援助专门立法就对外人道主义援助管理机制作出统一规定,出于对外人道主义援助工作开展的实际需要,目前形成了多个部门共同参与决策、实施的对外人道主义援助管理机制。按照本轮援外管理机制改革将援外决策与援外实施相分离的思路,由国合署负责援外决策职能,其他部委在各自职权范围内开展援外实施工作,但这一职责分工过于原则,未能明确援外职能部门的具体职权及界限,致使现有机制对疫情防控人道主义援助的支持力度不足。

一方面,对外人道主义援助职能部门职责不明可能影响对外抗疫援助工作顺利推进。对外人道主义援助涉及部门众多,国合署目前主要负责对外人道主义援助决策,援助项目实施职能则由其他相关部委负责开展,外交部、商务部、卫健委、财政部等国家部委,军队以及地方政府相关部门均不同程度参与我国对外人道主义援助工作。但目前究竟由哪些部门具体参与援外决策协调、哪些部门负责人道主义援助实施工作尚未能予以明确。如果无法明晰各部门职责，疫情防控援助项目推进中容易出现衔接不畅、职能交叉或管理缺位等现象，难以满足疫情防控国际援助对于合作时间和合作质量的高要求。

另一方面，对外抗疫援助需要更为成熟和健全的对外人道主义援助协调机制。此次新冠肺炎疫情在国内突然爆发以后，国家卫生健康委员会第一时间响应并牵头建立包含32个成员单位、由相关部委负责同志任组长的应对新型冠状病毒感染的肺炎疫情联防联控工作机制，为我国在短期内有效控制国内疫情提供体制保障。但随着疫情防控的主战场从国内防控阶段走向全球防控阶段，疫情防控工作分化为疫情国内防控与疫情防控国际合作两个层面，我国的疫情防控国际合作内容也从原初的以医疗机构、国家医疗卫生主管部门和国际组织、其他国家相关机构之间在疫情监测、预警、反应处理等技术方面的国际交流与合作为主，逐渐拓展到医疗卫生救助、医疗防疫物资援助、疫情防控外交外事合作以及经济复苏全球合作等各个方面。卫生行政主管部门牵头形成的以国内疫情防控为主要任务联防联控机制难以满足当前疫情国际合作与对外抗疫人道主义援助的体制需求，难以就疫情防控下的人道主义援助机构协调提供有力支持，对外抗疫援助仍应依赖于我国原先建立的对外人道主义援助协调机制。我国于2004年9月正式建立人道主义紧急救灾援助应急机制[31]，但该对外人道主义援助运行协调机制面临国务院援外体制改革、国家治理体系与治理能力现代化要求的多重挑战。此外，国合署等三部门于2021年联合发布的《对外援助管理办法》虽然也规定国合署会同有关部门建立对外援助部际协调机制，但对外人道主义援助相较于一般经济援助活动存在特殊性，所涉及的职能部门也存在差异，因而也难以为我国对外抗疫援助提供全面的体制支持。

因而，尽管在我国当前对外抗疫援助过程中，对外人道主义援助协调机制也已经更新并运行，但对外人道主义援助协调机制的设立、职权、组成、程序等均没有公开，对外人道主义援助协调机制的运行仍依赖于"权力协调"。考虑到此次新冠肺炎疫情存在长期持续和反复的可能，加之对外人道主义援助实施过程中各个职能部门存在的职能交叉和职能竞次,优化人道主义紧急援助快速反应机制、提升对外援助管理能力已经成为对外抗疫援助的基本体制保障[32],需要通过推进人道主义援助协调机制建设保障对外抗疫援助效率与效果。

(三)对外抗疫援助资金供给面临财政和制度的双重压力

疫情防控国际合作以信息、人员、资金、物资的跨境流动为外在表现,但疫情防控资金、物资的流向则随着疫情发展发生了重大转变,从疫情国内爆发阶段的由外向内流动迅速演变成由内向外流动。特别是随着新冠肺炎疫情向公共卫生体系脆弱国家深度蔓延,不断升级的对外抗疫援助需求必然对援助资金、物资及医疗人员要求形成较大压力。这种压力由两方面因素叠加形成:

一方面,新冠肺炎疫情在我国境内爆发以来,对我国国内生产生活秩序形成一定冲击,对经济运行造成一定影响,这种影响在 2020 年第一季度表现尤为明显,例如 2020 年 1—3 月份第一、二、三产业增加值分别下降 3.2%、9.6%、5.2%,国内生产总值同比下降 6.8%。[33]尽管 2020 年第二季度以后国内经济运行逐步回到正轨,但疫情仍对国内生产总值和政府财政收入造成较大的负面影响,如 2020 年全年国内生产总值 1015986 亿元,仅比上年增长 2.3%,全年全国一般公共预算收入 182895 亿元,比上年下降 3.9%。[34]2021 年,我国经济保持稳定恢复的态势,国内生产总值 1143670 亿元,比上年增长 8.1%[35],超过了年初的预期增长目标。值得注意的是,2021 年我国一、二、三、四季度国内生产总值同比分别增长 18.3%、7.9%、4.9%、4.0%[36],进入三季度以后增速有所放缓,其原因在于国内外风险挑战增多,全球疫情扩散蔓延,国内部分地区受到疫情、汛情的多重冲击,经济转型调整压力有所显现。[37]可以说,新冠肺炎疫情和复杂的国际政治经济环境给国内经济运行带来了巨大的不确定性,进而对我国的对外抗疫援助能力产生一定限制。

另一方面,由于此次病毒传播速度较快,致使疫情在短期内扩散到全球各地,且疫情灾难、自然灾害、发展中国家债务危机以及由此形成的粮食危机等都将对贫困国家的生存状况产生严重威胁。如果不能及时阻止疫情导致的粮食安全问题进一步恶化，则世界很可能陷入新一轮的冲突和动乱，而遍布世界各地的华人和中国企业可能成为被发泄的对象并陷入更加艰难的生存处境。疫情全球化催生全球范围的巨大国际人道主义援助需求，发展中国家对中国这一崛起中的大国具有援助期待，部分西方国家将疫情政治化的错误做法和中国秉持的人类命运共同体理念与正确义利观等因素使得中国需要对抗疫援助采取更为积极的姿态。目前我国对外援助财政预算支出过低是客观事实，因此需要适度扩大我国对外援助年度财政预算支出规模。[38]但全球范围内疫情的长期持续和反复，致使疫情防控援助资金支出总额难以确定和作出预期，对我国当前的财政资金供给形成巨大压力，需要通过多维途径予以纾解。

此外，对外抗疫援助资金预算编制、执行与现行预算法律之间可能产生的冲突也应引起关注。疫情不确定性决定对外抗疫援助的内容与强度具有不确定性，致使抗疫援助资金总额难以预期。全国人大批准援外预算草案之后，若境外疫情严重恶化，需要在现有预算调整法律制度框架下进行预算调整后才能执行。由于制度刚性和工作习惯的原因，预算调整审批时间较长、审批频次较低，对于灵活性要求较高的对外人道主义援助而言，现有的预算编制和调整制度相对僵化，很大程度上妨碍了援外活动的战略性、灵活性，降低了援外的效益和效率。[39]由于我国地区发展不平衡、公众对援外工作缺乏正确认知等主客观因素限制，对外抗疫援助支出的预算编制和预算执行问题很可能成为潜在的舆论争议焦点。因而，我国也需要通过创设援外预算特别法律制度简化对外人道主义援助预算调整审批手续与审批流程，为当前的对外抗疫援助支出预算调整提供制度依据。

四 全球疫情防控下对外人道主义援助制度的优化路径

（一）制定对外人道主义援助专门立法，为对外抗疫援助提供法律支持

新冠肺炎疫情对既有法律体系形成的制度挑战是全球性现象，世界各国

纷纷修订、出台防疫抗疫相关法律制度，我国全国人大已针对疫情防控过程中存在的制度疏漏推进强化公共卫生法治保障专项立法修法工作，但疫情防控国际合作特别是对外人道主义援助的国内顶层法律制度供给仍然不足，且尚未纳入立法修法工作计划。为避免因对外人道主义援助制度短板、体制不调而影响援外效率、引发援外争议，我国应在现有人道主义援助实践基础上研究制定对外人道主义援助专门立法，通过顶层法律制度保障我国对外抗疫援助工作顺利开展。

1. 对外人道主义援助专门立法应以"构建人类命运共同体"为立法理念

对外人道主义援助专门立法应以《宪法》确立的"推动构建人类命运共同体"为基本依据，通过法律形式确认政府通过对外开展人道主义援助践行人类命运共同体的职能，为对外抗疫援助提供法律层面的直接依据，将对外人道主义援助战略、体制、实施管理纳入法制轨道，推进对外人道主义援助法律制度体系建设，消减当前对外抗疫援助面临的法律与体制障碍，提升对外人道主义援助治理体系与治理能力现代化水平。

2. 对外人道主义援助专门立法应有效对接外部法律制度

对外人道主义援助专门立法应注意与现有的外部法律体系形成良性互动，确保对外人道主义援助特殊性需求能在现有法律体系中得到伸张与满足。例如，为保障援助资金使用的灵活性，对外人道主义援助专门立法应就人道主义援助预算编制与调整问题作出特别规定，适当简化预算调整程序；再如，由于人道主义援助需求满足的紧迫性，为提升援助物资的采购效率，对外人道主义援助专门立法应就人道主义援助政府采购作出特别规定，明确对外人道主义援助项目采购可豁免于《政府采购法》的规定。

3. 对外人道主义援助专门立法应健全实施管理规范

对外人道主义援助专门立法需要通过细化援助管理规范以降低职能部门之间的协调成本，提升其对突发事件的响应速度。第一，细化对外人道主义援助资金使用与保障制度。我国对外援助资金主要包括无偿援助、无息贷款和优惠贷款三种类型，人道主义援助的援助属于救急、救灾用途，明确规定其资金以无偿援助为主。第二，结合突发事件现实需求，明确对外人道主义援助的援助方式。按照我国与其他国家的前期实践，现汇援助、物资援助、应急医疗队成为人道主义援助开展的三种主要方式，在当前的疫情防控国际合作中，帮助有关国家建造临时隔离医院、捐赠疫苗等成为人道主义援助的模式创新，因而，可以将现汇援助、物资援助、应急医疗队和必要时的成套项目援助作为对外人道主义援助开展的主要方式。第三，构建对外人道主义援助实施协调与激励制度，特别是完善人道主义援助物资、成套项目采购，以及产品质量、通关等方面的管理与协调机制，提升援外医护人员及项目工作人员的激励保障并优化风险管理制度。

4. 对外人道主义援助专门立法应为民间援助提供法律依据

新冠肺炎疫情进入全球蔓延阶段之后，我国民间力量向国际社会传达了中国人道主义援助的真实愿望，树立了中国援外的国际新形象，成为政府援助的有益补充。然而，我国当前援外相关法律和《慈善法》等法律均未将民间主体对他国的人道主义援助活动纳入法律调整，导致事实上久已存在的民间援助长期处于法律的"灰色地带"。经历了此次疫情的民间跨国合作浪潮，民间援助将成为我国今后对其他国家提供对外人道主义援助的重要途径，也应当充分认识民间援助是我国对外人道主义援助的重要力量和资金来源。我国对民间主体对外提供人道主义援助进行法律规制既是资金需要，也是规范需要，有必要通过对外人道主义援助立法就民间援助问题作出全面规定。第一，从立法上确立民间主体对外人道主义援助的合法性，明确由援外主管部门对民间人道主义援助活动进行归口管理，进一步调动和规范市场力量[40]，为民间对外提供人道主义援助搭建平台与机制以对民间援助资金进行有效引导。第二，加强民间对外人道主义援助激励制度建设，在外汇管理、税务、海关、基金会等方面加强对资金、物资通关、税收减免等方面的支持，降低民间援助的制度成本。[41]第三，对民间人道主义援助活动的潜在风险进行制度防范，将民间主体对外提供人道主义援助时的产品质量风险、志愿者人身安全风险、国家安全风险等问题纳入人道主义援助专门立法调整范围。例如，可以通过统筹国内立法和国际制度，建立人员安全训练、信息、防卫等系列机制，减少实施援助过程中可能出现的人员伤亡状况。[30]

（二）优化对外人道主义援助体制机制，确保对外抗疫援助顺利运行

对外人道主义援助管理体制是保障对外抗疫援助顺利运行的体制支撑，我国应结合当前抗疫援助开展的体制现实，补足体制短板。一方面，明确对外人道主义援外职能部门的职权及界限。尽管我国援外项目由国合署统筹决策已经由当前的机构改革方案予以确立，但关于对外人道主义援助工作是否仅能由援外主管部门决定后开展，法律并没有作出肯定或者否定性规定，导致在对外人道主义援助实践中出现援外主管部门以外的其他相关部门按照实际需求自行决定并开展人道主义援助的情况。这种分头援助的模式具有响应快、部门对接便利的优势，但也一定程度导致对外人道主义援助决策、实施、管理的"碎片化"，这可能会弱化人道主义援助总体外交效果，需要进一步明确援外职能部门界限，避免援外实施部门、协调部门越权实施援外决策，同时按照不同对外人道主义援助方式明确牵头实施部门、协助部门及其职责界限，避免因部委协调影响响应时间。例如，对于物资、现汇、成套项目援助由商务部负责执行，国防部门、外交部门、卫生行政管理部门、市场监督管理部门、海关等有关部门在各自职权范围内予以协助；对于应急医疗队派遣，由国家卫健委负责执行，其他有关部门及地方政府在各自职权范围内予以配合、协助。另一方面，升级并明确对外人道主义援助部际协调机制。对外人道主义援助参与部门众多，战略规划型塑、援助项目决策、援助实施推进等过程中容易出现援外部际协调不畅、职能交叉冲突等问题，因而战略协调、决策协调、实施协调成为对外人道主义援助的重要环节与体制保障。考虑到对外援助管理体制改革引起的体制变化，必须通过升级现有机制来实现协调目的。具体而言，可以通过对外人道主义援助专门立法在国务院层面设立由国务院负责人牵头的对外人道主义援助协调机制以确保协调工作的全局性与有效性，同时在国合署设立协调机制办公室，以便巩固与加强国合署对人道主义援助的统筹、决策职能。此外，人道主义援助协调机制设立后应及时细化决策协调与实施协调规则，以进一步优化人道主义援助相关部委间的决策

协调、管理衔接、制度协同问题，为我国对外抗疫援助工作提供强大的体制机制支持。

（三）推动抗疫国际合作网状机制，缓解我国对外抗疫援助资金压力

1. 拓宽双边合作维度，推进第三方疫情防控国际合作

我国目前以双边抗疫援助为主的合作形式在资金资源持续供应方面存在压力。因而，在向公共卫生体系脆弱国家提供抗疫援助和合作的同时，我国应特别注重与发达国家拓展疫情防控国际合作维度并形成稳定的疫情防控国际合作机制，在相关发达国家国内疫情得到有效控制时适时探索向公共卫生体系脆弱国家提供疫情防控人道主义援助的合作路径。

2. 加强区域合作力度，推进区域内部国家疫情防控合作

相对于我国双边对外抗疫援助而言，同一区域的国家、国际组织之间的相互抗疫合作具有巨大的地理便利和较高的响应速度。特别是"二战"以后，随着国家间交往的频繁与深入，各种全球性、区域性、专业性国际组织迅速成立，现今已经形成巨大的国际组织网络体系，在经济增长与危机应对方面均产生不同程度的促进作用。我国在通过"点对点"方式推进对外抗疫援助的同时，也应注重利用"点面结合"的方式提升抗疫援助效能，如通过与欧盟、东盟、非盟、上海合作组织、拉美和加勒比国家共同体等地区性国际组织推进疫情防控国际合作，利用其组织能力与组织资源撬动疫情防控资金支持、提升疫情防控合作效率，缓解我国双边抗疫援助的资金压力与工作强度。

3. 强化全球合作基础，推进全球援助机制应对疫情危机

新冠肺炎疫情对全体人类生活带来的负面影响在贫困国家尤其突出，因而必须发挥现有全球减贫机制的效力以避免发生人道灾难。目前全球经济组织已通过制定各类经济、金融政策以降低此次新冠肺炎疫情对全球经济造成的冲击，但疫情防控措施直接冲击食物供应链，影响食物的供应数量和供应效率，加之部分国家出台了禁止粮食出口的政策，这都将对食物对外依存度较高的国家和地区造成很大影响。[42]我国必须全方位加强与联合国、世界粮食

计划署等全球机构合作，利用全球援助机制撬动全球粮食资源，帮助贫困国家或地区共同度过疫情难关，避免新冠肺炎引发的次生灾害蔓延，同时也能一定程度缓解我国双边抗疫援助面临的资金资源压力。

五 结语

随着人类对新冠肺炎病毒的认识不断加深，疫苗接种以及相关药物的研发工作得以不断推进，为人类战胜疫情带来了希望。但由于新冠肺炎病毒变异较快，致使病毒的特性和传染性发生新的变化，也给全球疫情防控工作带来新的挑战，全球疫情防控仍然面临着巨大的挑战。新冠肺炎是人类面临的共同安全挑战，关乎全人类的生存和发展利益，中国通过对外人道主义援助帮助其他国家抗击疫情，取得了较好的效果，也获得了国际社会的积极评价，既有效推动了人类命运共同体构建，展现了中国的大国担当，也在一定程度上缓解了疫情的跨境传播，符合我国自身的安全和发展利益。与此同时，我国也应正视对外抗疫援助过程中可能存在的制度挑战，完善对外人道主义援助法律制度，理顺对外人道主义体制机制，拓展对外抗疫援助国际合作维度，加强对外抗疫援助的国际传播，提升对外抗疫援助的现实效果。可以期待，只要国际社会携手合作、共同努力，人类终将战胜疫情！

参考文献

[1] United Nations. Shared Responsibility, Global Solidarity: Responding to the Socio-Economic Impacts of COVID-19 [EB/OL]. https://www.un.org/sites/un2.un.org/files/2020/03/sg_report_socio-economic_impact_of_covid19.pdf, 2020-3-31/2022-3-30.

[2] 周琪. 人类命运共同体观念在全球化时代的意义 [J]. 太平洋学报,

2020（1）：1－17.

[3] S. Sanche, Y. T. Lin, C. Xu, et al. High Contagiousness and Rapid Spread of Severe Acute Respiratory Syndrome Coronavirus 2［J］. Emerging Infectious Disasters. 2020, 26（7）：1470－1477.

[4] T. Muhammad-Bande. Preventing A Pandemic-Induced Food Emergency ［EB/OL］. https：//www. un. org/en/coronavirus/preventing-pandemic-induced-food-emergency, 2020－5－1/2022－3－30.

[5] 刘芮杉, 谢春涛. 新时代我国应对非传统安全的现代化逻辑——以疫情防控工作为例［J］. 中国应急管理科学, 2020（9）：4－14.

[6] 习近平. 完善重大疫情防控体制机制, 健全国家公共卫生应急管理体系［N］. 人民日报, 2020 年 2 月 15 日（第 1 版）.

[7] 徐晓林, 刘帅, 毛子骏. 国家生物安全治理研究——以新冠肺炎疫情防控治理为例［J］. 风险灾害危机研究, 2021（1）：12.

[8] 钮松. 总体国家安全体系、人类命运共同体与生物安全治理［J］. 国际关系研究, 2020（4）：109－128+158－159.

[9] 肖晞, 陈旭. 总体国家安全观下的生物安全治理——生成逻辑、实践价值与路径探索［J］. 国际展望, 2020, 12（5）：119－137+161－162.

[10] H. Kim. Fears of New Virus Trigger Anti-China Sentiment Worldwide［EB/OL］. https：//news. yahoo. com/fears-virus-trigger-anti-china-043202754. html? bcmt = 1, 2020－2－3/2021－4－19.

[11] C. Cillizza. Yes, Of Course Donald Trump is Calling Coronavirus the 'China Virus' for Political Reasons［EB/OL］. https：//edition. cnn. com/2020/03/20/politics/donald-trump-china-virus-coronavirus/index. html, 2020－3－20/2022－3－31.

[12] J. E. Moreno. Pompeo Pressed G－7 Leaders to Refer to 'Wuhan Virus' in Statement［EB/OL］. https：//thehill. com/policy/international/489484-pompeo-pressed-g7-leaders-to-refer-to-wuhan-virus-in-statement-report, 2020－3－25/2022－4－3.

[13] P. Aitken. Asian Americans Reported Hundreds of Racist Acts in Last Week, Data Shows［EB/OL］. https：//www. foxnews. com/us/asian-americans-racist-acts-coronavirus, 2020－3－27/2022－4－3.

[14] 门洪华. 促成中国与世界的良性互动：中国理想、中国智慧与中国方案［J］. 当代世界, 2017（10）：14－17.

[15] 门洪华. "一带一路"与中国——世界互动关系［J］. 世界经济与政

治，2019（5）：4-21.

[16] 樊吉社. 疫情全球扩散对我国的影响及应对［N］. 学习时报，2020 年 3 月 18 日（第 2 版）.

[17] 欧阳康. 全球治理变局中的"一带一路"［J］中国社会科学，2018（8）：5-16.

[18] 李文龙. 从全球范围看疫情对中国有哪些影响，如何应对？［N］. 第一财经日报，2020 年 4 月 16 日（A11 版）.

[19] 祝继高，梁晓琴. 积极应对疫情影响，高质量共建"一带一路"［N］. 学习时报，2020 年 3 月 18 日（第 2 版）.

[20] 宗红. 中国红十字会志愿专家团队抵达德黑兰支持伊朗疫情防控工作［N］. 中国红十字报，2020 年 3 月 3 日（A1 版）.

[21] 宗红. 中国红十字会志愿专家团赴巴格达支援伊拉克疫情防控［N］. 中国红十字报，2020 年 3 月 3 日（A1 版）.

[22] World Health Organization. WHO Director-General-s Opening Remarks at the Media Briefing on COVID-19-11 March 2020［EB/OL］. https：//www.who.int/dg/speeches/detail/who-director-general-s-opening-remarks-at-the-media-briefing-on-covid-19-11-march-2020，2020-3-11/2021-3-15.

[23] 张玉亮. 中企援津医院升级项目竣工交付［N］. 人民日报，2020 年 3 月 31 日（第 17 版）.

[24] 国家国际发展合作署. 邓波清副署长介绍对外抗疫援助情况［EB/OL］. 国家国际发展合作署网站，http：//www.cidca.gov.cn/2020-03/26/c_1210531857.htm，2020-3-26/2022-4-3.

[25] 外交部. 2020 年 4 月 10 日外交部发言人赵立坚主持例行记者会［EB/OL］. 外交部网站，http：//new.fmprc.gov.cn/web/fyrbt_673021/jzhsl_673025/202004/t20200410_5418815.shtml，2020-4-10/2022-4-3.

[26] 杨海泉. 中国积极参与国际抗疫合作［N］. 经济日报，2020 年 4 月 11 日（第 2 版）.

[27] 外交部. 2020 年 4 月 13 日外交部发言人赵立坚主持例行记者会［EB/OL］. 外交部网站，http：//new.fmprc.gov.cn/web/fyrbt_673021/jzhsl_673025/202004/t20200413_5418819.shtml，2020-4-13/2021-5-17.

[28] World Health Organization. WHO Director-General's Opening Remarks at the Media Briefing on COVID-29 June 2020［EB/OL］. https：//

www.who.int/director-general/speeches/detail/who-director-general-s-opening-remarks-at-the-media-briefing-on-covid-19 – 29-june-2020，2020 – 6 – 29/2022 – 4 – 8.

[29] 国家国际发展合作署. 国家国际发展合作署举行我国抗疫援助及国际发展合作新闻发布会［EB/OL］. 国家国际发展合作署网站，http：//www.cidca.gov.cn/2021-10/26/c_1211420845.htm，2021 – 10 – 26/2022 – 4 – 3.

[30] 毛维准. 援助安全：一个基于援助载体的新议题［J］. 国际安全研究，2020，38（4）：24 – 58.

[31] 国务院新闻办公室. 中国的对外援助（白皮书）［M］. 人民出版社，2011：14.

[32] 国务院新闻办公室. 新时代的中国国际发展合作［M］. 人民出版社，2021：68.

[33] 宁吉喆. 如何全面辩证看待一季度经济形势［J］. 求是，2020（9）.

[34] 国家统计局. 中华人民共和国 2020 年国民经济和社会发展统计公报［R］. 2021 – 2 – 28.

[35] 国家统计局. 中华人民共和国 2021 年国民经济和社会发展统计公报［R］. 2022 – 2 – 28.

[36] 国家统计局. 国家统计局局长就 2021 年国民经济运行情况答记者问［EB/OL］. http：//www.stats.gov.cn/tjsj/sjjd/202201/t20220117_1826479.html，2022 – 1 – 17/2022 – 4 – 8.

[37] 国家统计局. 国家统计局新闻发言人就 2021 年前三季度国民经济运行情况答记者问［EB/OL］. http：//www.stats.gov.cn/tjsj/sjjd/202110/t20211018_1823003.html，2021 – 10 – 18/2022 – 4 – 3.

[38] 陈曦. 中国对外援助财政预算管理改革探索［J］. 中央财经大学学报，2021（11）：24 – 35.

[39] 李锟先. 论我国对外援助专门立法的必要性［J］. 国际经济合作，2014（11）：37 – 40.

[40] 周弘. 中国对外援助与改革开放 30 年［J］. 世界经济与政治，2008（11）：33 – 43.

[41] 刘红春. 完善人道主义援助，助力责任共同体构建［N］. 中国社会科学报，2018 年 10 月 23 日（第 5 版）.

[42] 李晨. 全球疫情会导致粮食危机吗？［N］. 中国科学报，2020 年 4 月 27 日（第 1 版）.

A Study on the Optimization of China's Foreign Humanitarian Assistance System under Global Epidemic Prevention and Control

Cao Junjin

Abstract: China's humanitarian assistance for combating COVID - 19 to the world has practical significance, such as practicing the concept of a global community of shared future, implementing the overall national security concept, promoting positive interaction between China and the world, and expanding the dimension of B&R cooperation. With the international community fully entering the normalization stage of epidemic prevention and control, the international humanitarian assistance demand for epidemic prevention and control is increasing day by day. China should further strengthen the humanitarian assistance for combating Covid - 19 on the basis of the previous anti-epidemic assistance. There are realistic challenges in China's foreign humanitarian assistance, such as insufficient support from the domestic legal system, insufficient support from domestic system and mechanism, and escalating pressure on capital supply. It is necessary to ensure the smooth progress of China's foreign anti-epidemic assistance by promoting legislation related to foreign humanitarian assistance, improving the institution and mechanism of humanitarian assistance, and expanding the channels of humanitarian assistance funds.

Keywords: COVID - 19; A Global Community of Shared Future; Foreign Humanitarian Assistance for Combating Covid - 19; Foreign Humanitarian Assistance

中外危机领导力研究知识图谱与聚类维度的对比考察
——基于 CiteSpace 的文献计量分析*

袁书杰**

摘　要：危机领导力是危机管理研究中的重要话题。本研究运用 CiteSpace 5.3 对 Web of Science 和中国知网（CNKI）数据库中 2315 篇 2003—2020 年中外危机领导力研究文献进行可视化分析与比较。结果发现，国内危机领导力研究起步晚且发展较慢，研究热点为领导者、领导机构以及危机中的道德修养与领导责任，较为关注应对危机的主体因素，沿着企业管理、危机公关以及危机决策等方向发展；国外研究起步早且发展较快，研究热点为危机中的领导绩效、政治平衡、模型评价，较为关注危机的管理过程、结果评价等，沿着领导类型与行为、弹性评估、卫生保健，并向公共信任、媒体等方向发展。在对比分析的基础上提出我国危机领导力研究的相应建议。

关键词：危机领导力　文献计量　知识图谱　聚类维度　比较

---

* 基金项目：本研究由国家社科基金重点项目（16ADJ007）、安徽省高校人文社科重点项目（SK2021A0637）、安徽省高校优秀青年人才支持计划重点项目（gxyqZD2020103）、黄山学院博士人才启动课题（2019xskq003）资助。
** 袁书杰，黄山学院教育学院副教授、博士，西安思源学院特聘研究员，主要研究方向为组织行为与领导力。

一 研究背景

当前，全球进入了 VUCA 时代，充满着易变性（volatility）、不确定性（uncertainty）、复杂性（complexity）和模糊性（ambiguity）。危机会导致急需解决的紧急问题出现。[1]有效应对危机、处置危机，甚至预防危机，是危机管理研究的目标方向。从已有文献来看，对危机的定义主要有两种：一是把危机看作事件，二是把危机看作过程。[2]前者把危机看作在无法预知的情况下被关键利益相关者感知到的、影响组织生存能力的具有低概率和高影响度的事件。[3]这种危机管理的目标是使组织恢复到初始状态。[4]而后者则强调危机是以危机触发事件为标志，在时间、空间上延续发展的过程。[5]因此，需要用发展的眼光看待危机的演变过程，并针对危机不同阶段的特征制定相应措施。[2]此外，对危机管理的关注不再只局限于应对困难和消除威胁，还延展到了危机所蕴含的机遇。[6]正如 2020 年 4 月习近平总书记在浙江考察时指出："危和机总是同生并存的，克服了危即是机。"危机领导力的有效发挥能够使组织具备从危机中实现反超改进的可能性。[7]危机领导力研究脱胎于组织危机中对风险的关注，可以追溯到莱特纳（Leitner）的《企业风险论》（1915），当时多见于投资决策领域。直到 20 世纪 60 年代，该研究开始逐渐从政治、自然灾害领域向社会和组织领域拓展，并形成了公共危机管理和组织危机管理两个重要分支。[8]随着 20 世纪 80 年代美国经济的衰退，特别是后来"9·11"事件的影响，在学术界和实践一线掀起了研究危机领导力的热潮。危机领导力是指在危机管理的各个阶段，危机领导者发挥其影响力，通过制定策略以及采取一系列行动，使组织更好地防范危机和应对危机，并从危机中恢复至正常状态的一种能力。[9]其实，每个组织都会经历某种形式的危机，危机管理过程中不仅需要集中精力、物力和财力，更需要危机决策中的领导责任和管理智慧，既要考虑发生事件的属性（强度、时间、空间），也要考虑它可能引起的行为与心理改变，甚至新的危机。作为危机管理的重要决策者，危机领导者具有在危机中指引方向、促进组织危机学习等作用，在危机中对形势的判断、采取的措施、对利益相关者关系的维系以及所展现的领导魅力，都对危机管理策略有效性的发挥而言至关重要。[9][10]危机领导者六要素模型认为，危机领导者在危机中应做到建立信任的基础、创建新的组织心智模式、辨识明显或不太明显的组织弱点、做出明智快速的决策、采取果敢的行动以及危机学习以促进变革这六个方面。[9]2007年，阿金·伯恩（Arjen Boin）在《危机管理政治学——压力之下的公共领导力》一文中，分析了大量跨国危机案例并总结了领导者应对危机的胜任素质，即意义感知、决策制定、意义建构、危机终结以及学习与革命。[11]可以说，学者们通过理论探索、案例总结和内容分析等方法对危机领导力进行了较系统的研究，也取得了较为丰富的研究成果。然而，由于该研究领域涉及管理学、公共关系学、社会学、政治学等众多学科，运用的理论和研究方法多有不同。在研究内容上还存在厚此薄彼的现象，比如过于注重危机触发事件发生后的领导力行为研究[12]，没有充分认识危机管理事前行为的重要性，因此，如何保持对危机早期信号的警觉性、做到防微杜渐等方面的研究仍需加强。

鉴于我国关于危机领导力研究偏少，且多数仅停留在重要性、必要性的阐释上，缺少系统的文献梳理，对中外研究的综合比较几乎没有。本研究运用文献计量学及可视化方法[13]，通过CiteSpace和Excel等软件将文献数据作图、制表，以更清晰、更直观地反映数据中的关键特征，深入剖析中外危机领导力的研究进路及特点。在分析与比较的基础上，准确把握中外危机领导力研究的差异，特别是我国在此研究领域中的不足，从而为深化我国危机领导力理论和实践研究提供有益参考。

二　研究方法

本文对中外相关文献进行对比研究。中文文献来源于中国知网（CNKI）数据库，通过在高级检索中以"危机领导力"或"危机领导"为主题词进行检索，选取时间为2003年1月1日至2020年12月31日，共搜索到154条文献数据，根据主题排序，手动选取除去新闻、会议通知等文献11篇，得到有效文献 143 篇。国外文献则选择在 Web of Science 核心合集中以"crisis leadership"为主题词进行检索，选取时间为 2003 年 1 月 1 日至 2020 年 12 月 31 日，限定文献类型为"article"或"review"，语种为"English"，共搜索到 2213 条文献数据，对文献进行去重后得到有效文献 2172 篇。之后分别对选中的国内外文献进行格式转换（refworks 和 txt），并把文献数据导入 CiteSpace 软件，对其进行高频关键词、聚类和突显词等方面的可视化分析。

CiteSpace 软件是美国德雷赛尔大学陈超美博士开发的基于 Java 环境的文献数据分析软件。[14] 它可以把某一领域的研究热点、研究趋势等情况以图表的方式生动直观地展示出来，以便通过观察这些图表进行比较。通过设置不同维度的参数，对每一个维度进行逐一分析，并通过知识图谱的形式形象地展示研究变化的过程和趋势。通过关键词的共现情况在样本中出现的频次，了解关键词之间的亲疏关系，挖掘关键词之间的聚类团体，进而分析聚类主题之间的关系。此外，本研究还运用比较分析法对中外危机领导力研究热点的变化及演进情况进行探索。从关键词词频、热点突现、聚类维度等视角，形象描绘中外危机领导力研究的知识图谱及聚类主题特点。

三 中外危机领导力研究的知识图谱比较

（一）时间分布情况

从时间维度统计中外关于危机领导力的发文量，可以看出这一领域研究成果的发展情况。国外对于危机领导力的研究较早（图1），这说明国外的相关研究为国内学者提供了借鉴和参考。国外 2003—2020 年的发文量呈曲折上升的趋势，且发文量明显高于国内。国外关于危机领导力的文献最早见于 1964 年发表在《澳大利亚心理学杂志》（Australian Journal of Psychology）上的一篇文章"A Note on Crisis and Leadership"，探讨了危机情境中领导风格的选择问题。[15] 统计发现，2003 年以前国外在该领域的研究文章已有 120 多篇。而我国 2003 年底才出现该领域的第一篇文章《试论新形势下领导干部危机领导能力的提高》[16]，结合"非典"分析领导者应对危机的素质要求。可以看出，我国危机领导力的研究起步晚，且前期发展较为缓慢。但是，由于受 2008 年汶川大地震等自然灾害事件的影响，国内学者在公共危机相关领域所发表文章数量开始增多，主要集中在灾后的三年时间（2009—2011 年），而 2020 年初爆发的新冠疫情让更多的学者关注这次重大危机，可以预见在管理学、社会学、政治学和心理学等领域将会出现更多相关的研究成果。

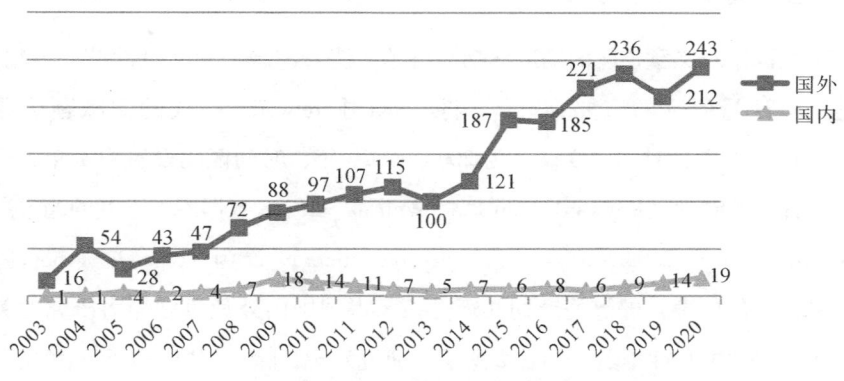

图 1 中外危机领导力研究发文量时间分布及对比

（二）空间分布情况

表 1 为 2003—2020 年国内外研究机构关于危机领导力的发文量情况。可以看出，国外的发文量明显高于国内，国内的文献发表单位主要集中在干部培训机构和高校，而国外主要集中在高校，发文量前三名的机构分别为哈佛大学、东京大学和莱顿大学，发表地区集中在美国、澳大利亚、英国和日本等国家。这些区域的经济、科技水平较高，但自然灾害较多，这可能是使其危机领导力研究发展较快的重要原因之一。

表 1 中外危机领导力研究机构发文量情况

序号	机构（国外）	发文量	机构（国内）	发文量
1	Harvard Univ	27	沃顿商学院	3
2	Univ Toronto	18	福建师范大学公共管理学院	3
3	Leiden Univ	15	南京师范大学教育科学学院	3
4	London Sch Hyg & Trop Med	14	东华大学人文学院	2

序号	机构（国外）	发文量	机构（国内）	发文量
5	Univ Queensland	14	国家行政学院应急管理培训中心	2
6	Univ Oxford	13	中国浦东干部学院科研部	2
7	Univ Melbourne	13	复旦大学国际关系与公共事务学院	2

（三）危机领导力研究热点的静态呈现

关键词是对文章主题的高度概括与凝练，能够体现一篇文献的核心与精髓，也是文献计量研究的重要指标。[17]将 CNKI 中 refworks 格式的文献题录导入 CiteSpace 软件中，时间尺度设置为 2003—2020 年，时间区间设置为 1 年，分析项目设置为关键词（Keyword）。同理将 Web of Science 数据库中下载的题录进行 Time Slicing 选择 2003—2020 年，Years per slice 设置为 1，Node Types 选择"Keyword"的处理，进行关键词共现分析，得到国内外危机领导力研究的关键词频次和中介中心性排名，如表 2 所示。研究发现，除去与检索主题相关的关键词后，国内排名前五的关键词为"领导者""企业""企业管理""企业家""中华人民共和国"，说明国内的研究方向主要集中在危机管理的主体以及企业中的危机问题等方面。从中介中心性来看，排在前五的关键词为：领导者（0.42）、企业（0.32）、企业管理（0.09）、中华人民共和国（0.09）和路径依赖（0.05）。可以看出，国内关于危机领导力的研究，研究对象偏少，研究内容还不够丰富。

表 2 中外危机领导力研究高频次、高中介中心性关键词排序

排名	关键词（国外）	频次	中介中心性	关键词（国内）	频次	中介中心性
1	performance	149	0.14	领导者	44	0.42
2	crisis management	91	0.08	企业	21	0.32
3	politics	84	0.09	企业管理	11	0.09
4	impact	78	0.08	企业家	5	0
5	organization	76	0.06	中华人民共和国	4	0.09
6	governance	73	0.06	危机管理	3	0.01
7	model	69	0.04	公共危机	3	0.01
8	behavior	61	0.10	应急管理	3	0.03
9	education	57	0.03	华尔街	3	0.04
10	communication	55	0.07	路径依赖	3	0.05

国外词频排名前五的关键词分别为"绩效"(performance)、"危机管理"(crisis management)、"政治"(politics)、"影响"(impact)、"组织"(organization),表明国外危机领导力研究主要集中于绩效和危机管理等方面。从中介中心性来看,排在前五的关键词为:绩效(performance,0.14)、行为(behavior,0.1)、政治(politics,0.09)、危机管理(crisis management,0.08)和影响(impact,0.08)。中心度越高,说明该因素在知识图谱中起到的中介作用就越强。

图2 国内危机领导力研究关键词共现图谱

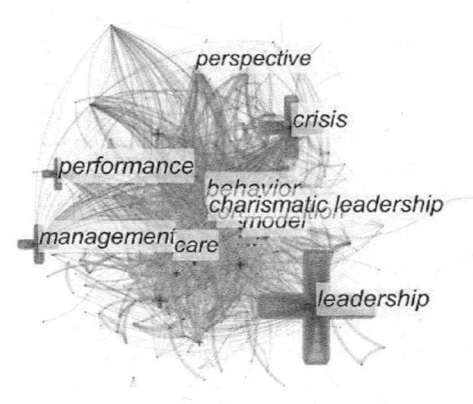

图3 国外危机领导力研究关键词共现图谱

（四）危机领导力研究的动态演进

中外危机领导力研究具有时间性的特点。随着危机管理实践的发展，不同时间段危机领导力的研究主题进行着适时转换。突显词展示了文献被引频次在某一时段里出现的突增或突减情况，能够反映出这一时段内研究热点的重大转向。运用 CiteSpace 软件的 Burstness 功能对关键词的突显性进行检测，发现国内危机领导力研究中有"领导""中华人民共和国""企业管理""企业""领导者""人力资本""华尔街""公共危机管理""企业家""路径依赖""团队能力""抗逆力"等 12 个突显关键词。由图 4 可以看出，"企业""企业管理"时间跨度最长，在 2005—2009 年比较突出。而"华尔街""公共危机管理"以及"企业家"在 2009 年前后较为突出，"团队能力"和"抗逆力"在 2019—2020 年关注度最高。可以得出，国内学者对危机领导力的研究从早期的个别企业危机发展为对公共危机事件以及危机中团队能力和抗逆力要求的关注，研究视野在不断扩大。同理，可以得到国外危机领导力研究中有"魅力型领导"、"模型"、"民主化"、"感召力"、"焦虑"、"技能"、"动态"、"女性"、"卡特里娜"（飓风）等 9 个突现关键词。由图 5 可知，"魅力型领导"的时间跨度最长（2004—2013 年），达十年之久。期间，"模型""民主化"也有较高的关注度。"技能"在 2007—2013 年的文献数量多，关注

Top 12 Keywords with the Strongest Citation Bursts

Keywords	Year	Strength	Begin	End	2003 - 2020
领导	2003	1.2831	2004	2005	
中华人民共和国	2003	1.2568	2005	2005	
企业管理	2003	1.8445	2005	2009	
企业	2003	1.8445	2005	2009	
领导者	2003	1.5928	2006	2007	
人力资本	2003	1.2889	2007	2007	
华尔街	2003	1.2075	2008	2009	
公共危机管理	2003	1.1902	2009	2010	
企业家	2003	1.1902	2009	2010	
路径依赖	2003	1.4924	2010	2011	
团队能力	2003	1.243	2019	2020	
抗逆力	2003	1.243	2019	2020	

图 4　2003—2020 年国内危机领导力研究突显词

度比较高。但在 2015 年前后，国外危机领导力研究比较突出的词变成了"卡特里娜""动力"以及"女性"等。国外学者们的研究方向从魅力型领导发展为对民主化和技能的关注，以及对动力、女性和自然灾害等危机内外部因素的研究，研究思路更加开阔，研究内容更为丰富。

Top 9 Keywords with the Strongest Citation Bursts

Keywords	Year	Strength	Begin	End	2003 - 2020
charismatic leadership	2003	6.9116	2004	2013	
model	2003	3.8521	2004	2010	
democratization	2003	3.2277	2004	2010	
charisma	2003	5.1602	2004	2009	
care	2003	3.5447	2005	2009	
skill	2003	2.9978	2007	2013	
dynamics	2003	3.8088	2010	2014	
female	2003	3.5416	2010	2015	
katrina	2003	2.9899	2011	2016	

图 5　2003—2020 年国外危机领导力研究突显词

四　中外危机领导力研究的聚类维度

维度是人们看待问题的角度与方式。本文采用 CiteSpace 的聚类功能对危机领导力的研究维度进行聚类，以展现危机领导力研究的全貌，从而对该领域的研究形成整体性认识。具体聚类图谱如图 6、图 7 所示。

由此可以看出，国内危机领导力研究关键词聚类网络密度为 0.143，国外危机领导力研究关键词聚类的网络密度为 0.094，而评定网络同质性的指标为 Silhouette 值，Silhouette 值越靠近 1，代表它同质性越高，Q 值即为 Modularity 值，Q 值的取值范围为 [0, 1]，Q 值越大聚类越好，Q>0.3 时被认为可得到显著聚类，图 6 中 Q=0.594，图 7 中 Q=0.600，均大于 0.5，说明聚类是成功的。

根据 CiteSpace 使用定义，"#"后的数字越小，集群越大。图中#0 为最大的集群，而后集群由大到小的顺序即为#1、#2、#3、#4，国内的聚类标签共 5 个，具体如表 3 所示。其中#0 为道德修养，S 值为 0.941，包括"习近平总书记""防控工作""疫情防控""团队能力""金融风暴""全球卫生"等关键

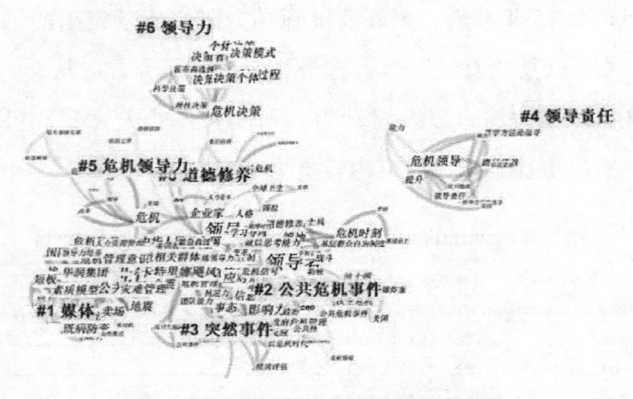

图6 国内危机领导力关键词聚类图谱

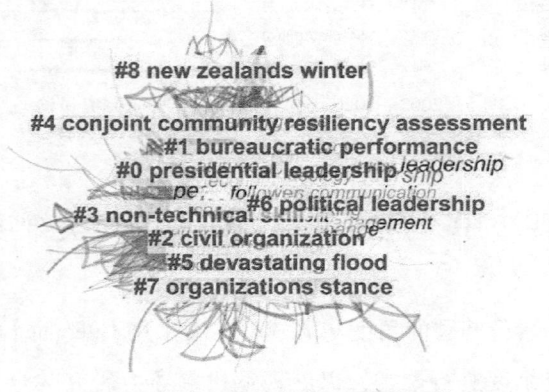

图7 国外危机领导力关键词聚类图谱

词,主要探讨了危机领导力所展现的品格影响和责任担当;#1为媒体,S值为0.993,包括"领导力培养""素质模型""最佳实践""危机公关""未病先防"等关键词,主要探讨了危机事件的媒体应对与危机公关;#2为公共事件危机,S值为0.988,包括"学习导向""损害控制""危机信号""思考能力""危机情境"等关键词,主要探讨了公共危机事件的防控与事后学习;#3为突然事件,S值为0.886,包括"影响力""公共危机管理""领导者""非程序化""应急管理"等关键词,主要探讨了应急管理过程与危机处置方法;#4为领导责任,S值为1,包括"危机领导""责任""能力""提升"等关键词,主要探讨了危机领导者的责任与能力提升。

表3 国内危机领导力主题类属分布

主题类属	主题词类目节点
道德修养	习近平总书记、防控工作、疫情防控、团队能力、金融风暴、全球卫生
媒体	领导力培养、素质模型、最佳实践、危机公关、未病先防
公共事件危机	学习导向、损害控制、危机信号、思考能力、危机情境
突然事件	影响力、公共危机管理、领导者、非程序化、应急管理
领导责任	危机领导、责任、能力、提升

五 危机领导力研究的结论与启示

（一）基本结论与讨论

在中外危机领导力研究的知识图谱上，本文主要对时空分布、热点静态呈现以及动态演进等方面进行比较分析。根据共现图谱可以发现，除去与检索主题相关的关键词后，国内排名前五的关键词分别是"领导者""企业""企业管理""企业家""中华人民共和国"。除了"领导者""企业"这两个关键词的中介中心性较高以外，其余都偏低。这可能与研究者比较关注安全事件或企业经营危机，并且对危机领导者应对危机、处置危机的能力素质研究居多有关。[22]而从聚类图谱来看，国内聚类标签有五个，分别为"道德修养""媒体""公共事件危机""突然事件"和"领导责任"。因此，可以认为国内研究大多围绕危机事件的舆论力量、对危机领导者的道德要求以及危机应对的责任问题。[23][24]总体而言，国内的研究对象较为单一，研究内容还不够丰富。这可能与国内危机领导力研究机构多以党校、高校为主有较大关系[25]，因此国内的研究更为关注领导干部化解风险、应对危机的能力素质，对危机管理理论还停留在引入和论证阶段，对本土化的理论研究力度不够大，仅从责任义务、提升策略等方面进行探讨[26]。而在国外的相关研究中，共现图谱显示危机领导力研究排名前五的关键词为"绩效""危机管理""政治"

"影响"和"组织"。另外,中介中心性排名靠前的关键词还有"行为"。这说明国外危机领导力研究比较注重结果导向,但由于执政党、参政党、在野党以及其他政治组织的执政理念存在差异而导致冲突,政治平衡问题也容易受到关注。通过对国外相关研究的共现结果进行聚类分析,发现共有八类:"总统领导权""官僚主义表现""民间组织""非程序化""联合社区灵活评估""特大洪涝""政治领导"和"组织立场"。对这八类聚类标签以及包含的关键词进行归纳分析,可以看出国外危机领导力研究主要分为三个方面:一是执政党在危机治理中的影响表现,如总统领导权、政治领导以及官僚主义表现等问题[27];二是其他组织参与危机治理中的作用发挥,如民间组织、组织立场等问题[28];三是危机领导力的具体实践与绩效评价,如非程序化、联合社区灵活评估等问题[29]。可以说,国外危机领导力研究更广泛,不仅包含危机治理过程中的信息披露,还有危机情形下的动员文化以及危机后的观念重塑,亦包括对危机领导力与文化领导、自恋领导、真诚领导等的关系探索。[30]

通过突显词可以发现,我国危机领导力的研究起步较晚,且发展速度不够快。在危机事件出现后进行的短期研究居多,未能做到长期的研究跟进和成果展现。相比而言,以西方国家为主的国外危机领导力研究起步比较早,发展速度较快,研究成果比国内更丰富一些,特别是危机模型预测、危机时期绩效评价等领域均比较占据前沿。由于政治体制不同,国内危机治理的主体一直是党和政府,民间组织、社会团体等全面参与的国家危机网络治理体系尚未形成。此外,早期研究者多关注于个别企业中的危机现象,未能打开思维空间。近年来,研究者开始对危机管理过程中的路径依赖问题进行关注[31],也有学者对抗逆力和团队能力在危机应对中的作用进行研究[32]。国外危机领导力研究,则由早期对领导者、预测模型、民主化和焦虑的关注,转向技能(非技术)、内在动力、女性力量等话题。[33]当前对关于危机治理过程中的信任问题以及媒体在危机事件中的作用关注较多。综上,中外对于危机领导力的研究都已经从理论基础研究逐渐转向实践应用研究,且不同程度地融合了政治学、管理学、社会学、心理学等学科领域的研究成果,呈现出更加发散、多元的研究主题。

而 2003—2020 年国外危机领导力研究的关键词聚类为 8 种,具体如表 4 所示。

表 4 国外危机领导力主题类属分布

主题类属	主题词类目节点
总统领导权	感召力、领导者、情境影响、动员文化、文化领导、自恋领导
官僚主义表现	替罪羊、武力、转移用途、城市治理、危机决策
民间组织	政治责任、战略资产、国家应急管理网络、适应性治理、伦理
非程序化	角色、系统、绩效/非技术技能、解决方案、模拟训练
联合社区灵活评估	危机沟通、真诚领导、性别文化建设、卫生系统、团队反应
特大洪涝	衰退、替代方法、正当性披露、不对称、霸权话语
政治领导	领导人会议、非正式政治、外交政策、叙利亚难民危机、理事会
组织立场	集体方法、社区实践、可持续未来、社区实践、危机后观念

其中第一类#0,聚类标签为 presidential leadership(总统领导权),S 值等于 0.729,包括"感召力""领导者""情境影响""动员文化""文化领导""自恋领导"等关键词,主要探讨危机领导力对积极情绪、消极情绪的影响;第二类#1,S 值等于 0.696,聚类标签为 bureaucratic performance(官僚主义表现),包括"替罪羊""武力""转移用途""城市治理""危机决策"等关键词,主要探讨不同危机领导力产生的原因;第三类#2,S 值等于 0.742,聚类标签为 civil organization(民间组织),包括"政治责任""战略资产""国家应急管理网络""适应性治理""伦理"等关键词,主要探讨危机领导力对国家应急管理网络的影响作用等;第四类#3,S 值等于 0.718,聚类标签为 non-technical skill(非程序化),包括"角色""系统""绩效/非技术技能""解决方案""模拟训练"等关键词,主要探讨危机领导力与个体目标冲突以及情感多元化的关系;第五类#4,S 值等于 0.736,聚类标签为 conjoint community resiliency assessment(联合社区灵活评估),包括"危机沟通""真诚领导""性别文化建设""卫生系统""团队反应"等关键词,主要探讨日常生活中危机领导者扮演的角色以及不同危机领导力导致的结果等;第六类#5,S 值等于 0.675,聚类标签为 devastating flood(特大洪涝),包括"衰退""替代方

法""正当性披露""不对称""霸权话语"等关键词,主要探讨重大公共危机事件下危机领导力的表现形式等;第七类#6,S值等于0.88,聚类标签为political leadership(政治领导),包括"领导人会议""非正式政治""外交政策""叙利亚难民危机""理事会"等关键词,主要探讨危机领导力推进问题解决的政治因素等;第八类#7,S值等于0.811,聚类标签为organization stance(组织立场),包括"集体方法""社区实践""可持续未来""社区实践""危机后观念"等关键词,主要探讨危机领导力的实践总结以及危机后管理等。

综上可知,中外已有的研究内容主要反映在政治学、公共关系学、公共管理学等领域,大体可以概括为组织内和组织外两种视角。从组织内部看,领导者的道德修养、责任、权力、官僚主义表现、立场和决策力等,属于应对危机的主体因素。比如,伯恩等在谈到危机领导力的现实与期望间的持续紧张关系时,认为成功的危机领导者往往采取非常规决策,注重沟通的重要性。[10]郑晓明等基于中国机长刘传建的案例,构建领导者应对危机的"六力模型",即预警力、担当力、信念力、驾驭力、凝聚力和成长力。[18]胡宗仁结合新冠肺炎疫情所引发的公共危机事件,从价值领导力、目标领导力、行动领导力和精神领导力等四个要素解构中国情境下的公共危机领导力。[19]从组织外部看,媒体、民间组织、社区和高校等,属于应对危机的相关利益者因素。贾明等人认为组织在应对危机时,不仅要被动应对社交媒体上的舆情,更要主动利用它来应对危机事件。[20]哈佛大学肯尼迪学院开设的"危机领导力:备灾及应对"(Leadership in Crises: Preparation and Performance)课程采用案例研究和角色扮演的方法,对负责应急准备或参与应急响应的政府人员、负责灾后重建的高级管理人员等进行培训,多维度提升危机管理中的指挥与领导。而从理论研究和实践探索的情况来看,在理论上,国内研究侧重道德领导、政治领导等理论与危机领导力的结合,而国外研究对变革领导、适应领导及魅力领导等探索较多;在实践上,中外研究均重视领导者在危机期间信息收集、决策制定和学习方面发挥的关键作用,同时,在危机管理团队建设、领导力技能评估(如魅力性、思想性、实用性)[21]以及危机领导力培训等方面的研究开始增多。

（二）对我国危机领导力研究的启示

本文试图通过比较中外近二十年的危机领导力研究，总结其各自的研究特点和发展态势，同时对中外该领域研究的状况进行多维度比较，以期发挥更好的互鉴作用。基于以上分析，对我国危机领导力研究建议如下：

一是加大危机领导力的理论整合，突出本土化理论构建研究。一直以来，危机领域的研究存在较为突出的"巴别塔效应"，即针对同一研究主题，不同学科使用不同语言，针对不同的观众在讨论不同的研究问题。保夏特（Thierry C. Pauchant）和杜维尔（Roseline Douville）通过分析多篇危机领域的研究论文发现，该领域的研究分属八个方面，即一个核心（理论建构）、三个宏观（技术—工具、文化—心理、社会—政治）和四个微观（组织与控制、危机沟通、战略问题、利益相关者）。[34]那么危机领导力的研究基础是什么？研究者往往忽略在应对和管理危机中发挥重要作用的人的内在要素：心理需求、情绪和行为。[35]鉴于危机的信息不完整，爆发的规模较大、关注度高，有时甚至威胁社会价值和发展目标，因此，基于整合的视角进行理论建构非常关键。从国外的已有研究来看，魅力领导、变革领导、真诚领导和适应领导等相关理论都已与危机领导力关联密切，且取得了较为重要的研究结论。[25]比如，成功危机领导的关键特征与服务型领导关系最为密切，而这些特征在危机期间变化最少。[36]因此，以更广泛、更全面的视角研究危机领导力，特别是加大危机领导力理论的本土化研究，需要积极探索东方文化背景下家长式领导、公仆式领导等在危机领导力的理论基础作用，同时关注政党体制差异及国家文化背景的不同，不断加强适应中国危机领导力的理论创建，以更好地指导实践。

二是扩展研究范式，深化量化技术和定性分析在危机领导力研究领域中的结合。缺乏规范的、严谨的研究方法，已成为制约我国学术研究质量提升和学科进一步发展的瓶颈。[37]只有加强理论与实践相互支撑，定性和定量互为补充，才能优化研究范式和方法路径。[38]就目前而言，我国危机领导力研究在方法上以案例访谈居多，且单案例研究占到了90%以上[39]，这限制了研究结论的一般性推广。同时,缺少足够多的案例开发研究,已开发的案例也缺乏结构化的表达。另外,关于危机领导力的定量研究偏少[25],特别是围绕胜任危机的素质测评、危机风险评估、危机事后评价等开展的量化研究不多。再者,没有充分利用大数据技术和访谈资料(如声音、影像图形、文字等)的信息资源,如 Python、扎根、Nvivo 质性分析技术等进行深度挖掘,并且,关于如何更好地融合定性和量化研究方法,以实现综合使用、优势互补,还需要更深入的探索。

三是以多维视角不断拓展危机领导力研究内容的深度和广度。由于国内研究多聚焦危机事件处理中的领导者、企业家等"关键少数"群体,以致出现"只见树木,不见森林"的研究窄化现象,研究深度也因方法技术创新不足而"由表未及里"。比如,在危机沟通中公众、发言人和媒体应如何加强反危机的协调工作,以防止信息的谣传和谣言的传播等。因此,需要从管理学、公共关系学、公共管理学等多学科、多视角开展危机情境、危机决策、危机公关、危机预测、危机防控技术以及情报信息化等领域研究,进一步扩大研究视野,以构建丰富完整的危机领导力研究内容体系。在理论和方法共同支撑下,最终形成解释力更强的研究结论。

四是建立健全危机治理能力和治理体系研究长效机制。从已有文献来看,关注危机的可持续性不高,往往在危机事件发生之后一段时间内进行,此领域研究的短期效应比较明显,而对危机前预测、危机后评估等领域的关注度不够高。同时,危机领导力研究的碎片化问题比较突出,目前尚未建成跨学科交叉高水平联合研究团队,动员文化研究也不足[40],危机后观点重塑和信任研究有待进一步加强。因此,需要形成以国家防办、应急管理部为主,民间组织、社会团体等多元危机治理主体共同参与的研究新格局,引导更多智库、学术团体、社会组织加入危机领导力研究队伍,形成强大的学术共同体,为促进建立危机不同时期的治理网络体系贡献智慧和力量,共同推动我国危机治理能力和治理体系现代化建设迈向新台阶。

参考文献

［1］　罗伯特·希斯. 危机管理［M］. 北京：中信出版社，2004.
［2］　T. A. Williams, D. A. Gruber, K. M. Sutcliffe, D. A. Shepherd. Organizational Response to Adversity：Fusing Crisis Management and Resilience Research Streams［J］. Academy of Management Annals，2017，11（2）：733-769.
［3］　C. M. Pearson, J. A. Clair. Reframing Crisis Management［J］. Academy of Management Review，1998，23（1）：59-76.
［4］　B. Topper, P. Lagadec. Fractal Crises—A New Path for Crisis Theory and Management［J］. Journal of Contingencies and Crisis Management，2013，21（1）：4-16.
［5］　B. Turner. The Organizational and Interorganizational Development of Disasters［J］. Administrative Science Quarterly，1976，21（3）：378-397.
［6］　E. H. James, L. P. Wooten, K. Dushek. Crisis Management：Informing A New Leadership Research Agenda［J］. Academy of Management Annals，2011，5（1）：455-493.
［7］　路江涌，相佩蓉. 危机过程管理：如何提升组织韧性？［J］. 外国经济与管理，2021，43（3）：3-24.
［8］　孙多勇，鲁洋. 危机管理的理论发展与现实问题［J］. 江西社会科学，2004（4）：138-143.
［9］　E. H. James, L. P. Wooten. Leadership as (Un) usual：How to Display Competence in Times of Crisis［J］. Organizational Dynamics，2005，34（2）：141-152.
［10］　A. Boin, P. T. Hart. Public Leadership in Times of Crisis：Mission Impossible［J］. Public Administration Review，2003，63（5）：544-553.
［11］　A. Boin, P. T. Hart, E. Stern, B. Sundelius. The Politics of Crisis Management：Public Leadership Under Pressure［J］. Journal of Contingencies and Crisis Management，2007，15（3）：168-169.
［12］　K. E. Weick, K. M. Sutcliffe. Managing the Unexpected：Assuring High Performance in an Age of Complexity［M］. San Francisco, CA：Jossey-

Bass，2001.

［13］ 洪文学，王金甲．可视化和可视化分析学［J］．燕山大学学报，2010（3）：95－105.

［14］ 李杰，陈超美．CiteSpace：科技文本挖掘及可视化［M］．北京：首都经济贸易大学出版社，2017.

［15］ T. Polis. A Note on Crisis and Leadership［J］．Australian Journal of Psychology，1964（16）：57－61.

［16］ 包俊林．试论新形势下领导干部危机领导能力的提高［J］．广西社会主义学院学报，2003，14（4）：26－29.

［17］ 韩瑞波．协商民主研究在中国：现状、向度与展望——基于CSSCI的文献计量分析［J］．社会主义研究，2017（3）：150－157.

［18］ 郑晓明，郭一蓉，刘争光．危机领导力的理论模型构建：基于中国机长刘传健案例的质性研究［J］．管理学报，2021，18（1）：12－21.

［19］ 胡宗仁．提升领导干部的公共危机领导力［J］．中国党政干部论坛，2020（4）：86－89.

［20］ 贾明，孙向坤，张喆．社交媒体在企业应对危机事件中的作用［J］．管理评论，2021，33（5）：295－304.

［21］ M. A. Blount. Crisis Leadership: An Examination of Effective Leadership Styles and Mindset［D］．Florida：Johnson & Wales University，2021.

［22］ 李德．增强领导干部的舆论意识和媒体沟通能力——基于处置公共危机的视角［J］．毛泽东邓小平理论研究，2014（3）：45－50.

［23］ 刘世强，苏茂林．重大疫情防控中的政治动员探析［J］．长白学刊，2020，213（3）：21－27.

［24］ 邹金红．公共危机与领导干部危机公关能力的提升［J］．行政与法，2010（4）：59－61.

［25］ 关铮，佘廉，魏凌．危机领导力研究综述：借鉴与展望［J］．中国延安干部学院学报，2016，9（6）：103－112.

［26］ 谢耘耕．中国社会舆情与危机管理报告（2017）［M］．北京：社会科学文献出版社，2017.

［27］ R. T. Harrison, K. Kaesehage, C. Leyshon. Special Issue of Leadership: Leadership and Climate Change: Authority, Legitimacy and the "Crisis of Governance"［J］．Leadership，2019，15（6）：768－773.

［28］ 丹尼斯·N. T. 珀金斯，吉莉安·B. 墨菲．危机领导力［M］．北京：中信出版社，2014.

[29] Neil Richardson. Book Review: Crisis Leadership: How to Lead in Times of Crisis, Threat and Uncertainty [J]. Management Learning, 2019, 50 (5): 629–632.

[30] Ingeborg Tömmel. Political Leadership in Times of Crisis: the Commission Presidency of Jean-Claude Juncker [J]. West European Politics, 2020, 43 (5): 1141–1162.

[31] 陈燕青. 危机领导的路径依赖 [J]. 宁夏党校学报, 2010, 12 (5): 50–52.

[32] 梁社红, 时勘, 刘晓倩等. 危机救援人员的抗逆力结构及测量 [J]. 人类工效学, 2014, 20 (1): 36–40.

[33] K. T. Brandert, G. S. Matkin. When the Crisis is Personal: A Phenomenological Study of Women in Leadership [J]. Journal of Leadership Studies, 2019, 13 (3): 56–61.

[34] T. C. Pauchant, R. Douville. Recent Research in Crisis Management: A Study of 24 Authors' Publications from 1986 to 1991 [J]. Organization & Environment, 1993, 7 (1): 43–66.

[35] G. Klann. Crisis Leadership: Using Military Lessons, Organizational Experiences, and the Power of Influence to Lessen the Impact of Chaos on the People You Lead (1st ed.) [M]. Greensboro, NC: Center for Creative Leadership, 2003.

[36] T. W. Christensen. Crisis Leadership: A Study of Leadership Practice [D]. Minnesota: Capella University, 2009.

[37] 钟开斌, 林炜炜, 翟慧杰. 中国城市风险治理研究述评 (1979—2018 年) ——基于 CiteSpace V 的可视化分析 [J]. 贵州社会科学, 2020, 363 (3): 41–49.

[38] 陈振明. 公共管理学 (第二版) [M]. 北京: 中国人民大学出版社, 2017.

[39] 崔晓明. 危机领导对危机管理绩效的影响机制研究 [D]. 复旦大学博士论文, 2014.

[40] 程冠军. 百年大党的危机领导力——访著名党史专家邵维正少将 [J]. 中国领导科学, 2020 (3): 12–18.

A Comparative Study of Mapping Knowledge and Clustering Dimensions in Crisis Leadership Research at Home and Abroad
—Based on Bibliometric Analysis by CiteSpace

Yuan Shujie

Abstract: Crisis leadership is an important topic in crisis management research. 2315 research articles at home and abroad from 2003 to 2020 in Web of Science and CNKI database were visualized by CiteSpace 5.3. The research on crisis leadership in China starts later and develop more slowly, and focuses on leaders, leading institutions, moral cultivation and leadership responsibility in crisis. It pays more attention to the subjects of crisis management, and develops along the direction of enterprise management, crisis public relations and crisis decision-making. The development of foreign studies is earlier and faster. They mainly focus on the performance, political balance, model evaluation, and pay more attention to the process of crisis management and result evaluation, from the leadership type and behavior, flexibility evaluation, health care to the public trust, media. On the basis of comparative analysis, we put forward some suggestions on the research of crisis leadership in China.

Keywords: Crisis Leadership; Bibliometrics; Mapping Knowledge; Clustering Dimensions; Comparison

综合应急管理制度研究

从履责到分责再到尽责

——技术规训视域下校园安全管理的行为逻辑*

许 倩 沙勇忠 王 超**

摘 要： 校园安全管理注意力的有限性与责任包揽的无限性，是高校管理者面临的现实困境。基于福柯规训理论的柔性演变和时空社会学的建构意义视角，本文以高校辅导员为访谈对象，聚焦学生安全行为的时空观察，尝试揭示高校安全管理中技术规训工具的运用及其所呈现的内在逻辑。研究发现，校园安全管理者的行为呈现双层逻辑，即时间上的连续性、管理责任上的重构性，具体表现在基于技术规训的事前履职、基于时空划分的事中分责以及基于反思学习的事后尽责。这三个阶段的划分，既丰富了校园风险的时空流动性内涵，又从工具理性和价值理性角度回应了校园安全管理的现实矛盾。

关键词： 校园安全 技术规训 时空社会学 风险防控 管理注意力

---

* 基金项目：本研究由国家社会科学基金项目"基于公众风险感知动态监测的应急响应信息沟通研究"（17BTQ056）资助。

** 许倩，副教授，兰州大学管理学院博士研究生，研究方向为校园安全、公共危机信息管理；沙勇忠，兰州大学管理学院教授，博士生导师，研究方向为公共危机信息管理；王超，中国矿业大学公共管理学院讲师，研究方向为公共危机信息管理。

一　引言

作为脱嵌于社会的特殊场域，校园的基本功能决定了其安全性和稳定性的根本需求。现实中，校园场域内所特有的人群高度聚集性和思想、观念多元化特征，也使其成为风险因素汇聚和突发事件频发的脆弱地带。与此同时，这一复杂情境给高校安全管理者带来了管理难题：一方面，学生安全行为的偶发性、隐蔽性以及不确定性使得特定的校园环境转变为一个因时、因地而变化的风险场域。由于其注意力和资源的有限性，管理者难以完全化解"防不胜防"的学生安全行为隐患。另一方面，地方政府在执行校园安全管理政策过程中层层加码，加之社会和家庭对于学生安全事故的固化认知，都给基层管理者带来了无限责任压力。在安全工作责任制和事故责任追究制的行政制度下，形成了巨大的问责风险。从实践经验看，方芳等通过对510例学生安全事故案件的实证研究发现，学校在90%的案件中都承担责任，且承担主要责任和全部责任的情形居多。[1]在这种背景下，如何化解和平衡校园安全管理注意力有限性与责任包揽无限性之间的矛盾，对于校园安全管理显得尤为重要。

时间和空间是我们认识社会发展与变化必不可少的基本维度，一切社会活动和现象都具有时空依赖性。目前，我国相关法律法规对于学生安全事故责任的认定与校园的时空属性密不可分。例如，2002年发布的教育部令第12号《学生伤害事故处理办法》（2010年修订）中将学生人身伤害事故界定为："在学校实施的教育教学活动或者学校组织的校外活动中，以及在学校负有管理责任的校舍、场地、其他教育教学设施、生活设施内发生的，造成在校学生人身损害后果的事故。"也就是说，凡在学生与学校存在交集的时间、地域中发生的造成其伤害的事故，都属于学生伤害事故的范畴。[2]因此，可以扩展理解为学生安全管理既是一个社会时间概念，也是一个空间地域概念，是校园场域下时空要素综合作用的结果。

空间规训理论由法国著名的社会学家米歇尔·福柯（Michel Foucault）提出，早期至中期其常被视为禁锢和统治，但是经过逐渐演化，空间规训已成为一种柔性的治理理念。[3] 国内外众多学者在更宽泛的意义上解读了福柯在晚期对权力的积极性阐释，例如空间和环境的治理理性方面、景观规划和地图的空间分析方面以及规训应用向医院和学校空间的转移等方面。[4] 特别是从风险防控和校园安全管理的角度来看，空间规训也在向自我规训转变。学校可视为一个安全规训（discipline）的特殊场域，其目的在于以温和的方式和管理策略对学生施加安全规范的影响，其权力运用效果的关键在于安全规训体系与工具的使用。[5] 那么，学生安全行为与校园安全规训工具之间呈现了怎样的内在关系？学生安全事故发生前后学校的管理逻辑又是如何转变的？这些问题的回答关系到校园安全管理注意力有限性和责任无限包揽之间矛盾的缓和与化解。有鉴于此，本研究立足于福柯规训理论的柔性演变和时空社会学的建构意义视角，采取半结构化访谈、自我民族志和现象观察等方法，来探究校园安全管理与学生安全行为之间的规训逻辑，试图为校园安全管理困境的破解提供一个基于时空社会学视角的理论解释。

由于大学生安全行为管理中的各个环节都离不开高校辅导员这一重要管理角色，因此，本研究以高校校园安全管理为切入点，选取了 L 高校 8 名平均年龄 30 岁，平均工作年限 4.6 年的辅导员，进行了半结构化深度访谈（访谈对象基本情况如表 1 所示）。访谈内容聚焦于对学校安全行为管理的时空观察，主要问题包含两个方面，一是了解日常学生安全管理的方式方法，二是对于突发校园安全事件处置的思考。

表 1 访谈对象基本情况

编号	性别	年龄	从事具体工作	工作年限
1	女	38	本科生辅导员	12
2	男	32	研究生辅导员	6
3	男	28	本科生辅导员	3
4	女	28	研究生辅导员	4
5	女	33	研究生辅导员	5
6	女	30	本科生辅导员	3
7	男	24	本科生辅导员	1
8	女	27	本科生辅导员	3

二 校园安全管理注意力：一个基于
　　校园时空拓展的意义建构

（一）校园时间的社会建构：被时间分割的管理者注意力

自法国社会学家涂尔干（Émile Durkheim）提出"社会时间"（social time）这一概念之后，其受到学界的广泛关注。作为时间社会学早期探索者的索罗金（Pitirim A. Sorokin）和罗伯特·默顿（Robert Merton）明确提出，与天文时间相对而言，社会时间是质性的，而不单纯是量化的，其根据群体共同的信仰和习俗而有质的区别，体现着社会群体行动的节奏。[6]也就是说，时间的社会意义是相对的，它是社会建构和集体意识的产物。[7]对于校园而言，一切校园活动都是按时间规则延展的，校园时间成为理解校园生活与管理运行的基本维度。[8]然而，从行为管理意义看，校园时间并不是连续的，而是被关键的节点所打断的。校园管理以制度化方式从类别上对时间作了基本划分，如上课和下课的教学时间、教室内和教室外的活动时间、假期与非假期的假日时间等等。这一过程也自然完成了校园时间在管理注意力上的分配和安全责任上的分割与归属问题。人们之所以严格地服从于集体节奏和集体规则，原因在于"时间形式不仅构成了群体对世界的表征，而且也构成了群体本身，正是按照这种表征使其自身有序化"。[9]因此，从时间的社会性意义来说，校园时间表现为一种既定的社会秩序，这要求学生按照学校规定的时间秩序进行严格的自我管理与约束。[10]

> 不同时间阶段我们会做一些安全教育活动，比如9月份、"双十一"都是电信诈骗高发期，我们会在群里提醒。到了要交学费时候，我们会提醒校园贷与国家贷款的区别，防止学生受骗。（受访者4）
>
> 学校平时有很多暑期社会实践和活动，这就带来一个安全问题，这不像学校里面容易控制、管理。（受访者1）

(二)校园空间的社会建构：被空间吸引的管理者注意力

涂尔干将空间视为社会集体活动的产物，认为社会空间观念跟人们一定的生活方式或文化密切相关。从这一角度看，空间场域的生产就是社会结构与功能的再建构过程。[11] 校园作为社会的一个基本活动单元，既是空间性的社会存在，又是社会空间重组后的再生产。特殊的校园空间塑造了人们独特的空间观念，又表现出其社会空间的属性，所以不被严格界定为校园建筑或者面积边界等。校园场域不仅确立了社会空间的边界，而且也随之确立了空间功能、责任边界以及管理秩序。例如，教学区域、实验楼、报告厅等具有教学实验功能，操场、篮球场等承载运动健身功能，食堂、宿舍、超市、道路等具有衣食住行功能。这种不同的空间划分都包含着特定的功能属性。由于场域通常由一系列社会关系网构成，其场域边界具有模糊性。因此，校园的场域并不严格限制在物理边界之内，校园周边往往也是学校安全管理的重要空间范围。在实际校园安全管理中，校园场域的边界只能凭借经验来确定，其边界一般位于场域效果消失的地方。[12] 例如，学校开展的集体劳动和暑期社会实践等活动通常会打破校园的物理空间，从责任归属上形成了对校园空间的相对拓展。

> 开学季、毕业季一般是最忙最需要引起重视的时间，尤其是每年毕业时候总有些学生因为延期毕业或其他事情产生心理压力……日常也会有，咱们学校去年施工比较频繁，尤其是出入宿舍楼就存在很大的隐患，这个期间我们就会重点提醒学生要提高防范意识。(受访者2)

三 校园安全风险的时空流动：基于技术规训的防控

(一)校园技术规训效果：安全管理的"全景敞视主义"

福柯在其著作《规训与惩罚》一书中，以全新的生物政治学思想去审视与理解现代社会"微观权力"的运用。福柯将空间视为弥散在暗处的"权力的眼睛",借用边沁(Jeremy Bentham)的"全景敞视监狱"设想来建构空间规训的理论模型,即进入空间中的每一个个体都会受到"权力的眼睛"的监视,而且他们都清楚自己已经被监视,甚至会将被动的监视转变为自己的主动监视。权力的眼睛无处不在,并被社会群体内化为自我监视,形成一种有意识的、自发的、持续的理想状态。也就是说,这种"全景敞视主义"(panopticism)机制"形成了一种通过严密的监督机制、严明的纪律约束和严格的训练过程对个人的身体和行为习性进行规制、加以塑造,使之成为符合规训者之特定需要的特殊权力技术"。[13]

现代社会规训技术的实质就是全景敞视主义。校园安全规训工具的时空化意义在于其赋予了特定时空场域下的行为规则,改变了空间秩序,并重塑了空间环境。因此,学校安全管理者倾向于放置更多更有效的管理工具,形成管理视角的"全景敞视主义",以使得学校场域下的"绝对安全"成为可能。同时,学校物理边界的清晰化也使得管理权力在相对封闭的场域环境内得以运行,从而使得权力的运用得到发挥。校园空间需要借助于制度和权力的良性运作来维持空间的管理系统平衡。例如,学校晚自习时间,面向讲台而坐的学生无法知道老师何时会出现在后门,这犹如一种随时的"凝视",达到了一种使得教室秩序稳定的效果。总的来说,学校安全管理者认识到校园场域风险的时空化特征,以制度的强制性赋予了技术规训工具的合理性和合法化,并通过教育等形式使得技术规训工具在被管理者内心"符号化",实现了外在规训向内在规训的转变,以达到福柯所指出的"驯化的身体"(docile bodies)的效果。这样,校园安全管理者与学生之间通过技术规训工具建立了一种间接的、隐秘的连接,并通过规训工具的建立与使用实现相互之间的行为互动。

(二)校园技术规训工具的运用

校园安全规训工具的时空化选择与运用,使得校园安全管理者一定程度化解了风险的流动性困境,并转向以制度的有序性和规定性来实现学生向"自我监督与规训"转变。这种强化旨在以一种"规训"的方式警示与约束被管理者所处于的特定时空下的行为选择，促使学生按照校园管理的权力结构来规范与改变自身的行为。

　　福柯指出，规训权力的成功运行归因于三种相互配套的手段，即层级监视、规范化裁决以及检查。首先，层级监视很大程度上是对规训的物理结构和组织结构的双重要求，它可以表现在规训场所的设计上，也可以表现在监视组织的设计上。[14]其在物理结构上表现为校园物理环境的设计，这促使管理者尽可能地在校园更大的范围内分布更多的技术规训工具，对校园安全风险实行更为全面的、实时的防控管理。这样一来，管理权力便随着规训工具延伸至校园的每一个时空。简言之，通过对场域风险的"时空化管理"，能够实现对被管理者的安全规训。层级监视在组织结构上则表现为自上而下、自下而上以及横向的关系网络，不仅在学生外部建立了从校长到班主任以及保安等正式管理人员进行监督的制度，而且在学生内部也建立了班长、纪律委员等监督关系。其次，规范化裁决是规训系统中的重要处罚机制，作为一种具有纠偏和矫正功能的管理制度而被执行。校园管理者通常会对逾越规则的学生实施惩戒行为，例如通报批评等纠偏措施。这种方式进一步强化了学生的自我监督与暗示。最后，检查是将层级监视和规范化裁决二者结合起来的一种技术，通过将规训对象的管理和编排转换为权力的运用，不断提高学生与技术规训工具之间的互动程度，增加学生对于管理权力的认识和对管理规则的遵守。将行为"禁止"的信息无形传输与渗透到学生身体的内在，影响学生对于时间和空间意义的建构，培育自觉规避风险行为的校园环境。[15]福柯认为，为了让控制的微细权力运转机制成为一种身体化的存在，"唯一真正重要的仪式是操练"。学校将安全教育和行为规范纳入日常管理工作之中，制定安全应急预案，并付诸演练活动，就是将这种演练转化为学生内在的行为。

　　可见，校园规训权力行使的三种手段相互配合，将身体置于一种可控制、可观察的时空结构之中，并围绕着校园安全管理的目标建立起相应的制度体系。这样将校园安全风险转移到特定的时间和空间中，为安全监管提供了更加明确的对象，这不但有助于管理者更为准确地配置风险防控资源，而且纾解了责任无限包揽下注意力有限的矛盾。这使管理者的注意力可以不再平均分配到整个学校场域内，而是聚焦于特定时间和特定空间的节点，这大大减少了管理者自身精力的消耗。

因此，校园安全管理者通过风险管理工具的时空特征来规制与影响学生群体。风险的时空流动性为他们缩小了注意力观察范围，提供了重点关注的对象。例如，管理者根据经验判断，清楚地知道更容易出现校园安全事件的地点和时间段，因此采取安装护栏、摄像头等管理工具进行风险提示。而且，空间上的警示也具有时间维度的意义，例如摄像头给被管理者的风险行为释放着警示信号：过去行为的记录、时下行为的禁止以及未来行为的防控。根据布尔迪厄（Pierre Bourdieu）的观点，场域的界限是模糊的，只有通过经验研究才能确定。[16]实际上，校园的边界早已打破了清晰的物理界限，校园周边地区也成为学校安全管理不可忽视之地，一旦出现学生安全事故，其社会影响的广度和深度将远远超出事件本身。[17][18]这也一定程度导致有些管理者走向另一个极端，"试图通过减少体育活动、取消校外实践活动，甚至课间休息等来尽可能降低发生学生伤害事故的风险"。因此，学校管理者通过对学生施加时间的约束与空间的控制，建构一套覆盖全域的、实时的风险防控体系，从而影响并规范其风险行为，达到技术规训和履责的目的。

现在高校暑期一般都会有社会实践，属于教学环节，只要学生出了安全问题，学校就要负有一定的责任。学生外出期间，我们会统一购买保险。（受访者1）

四 事前履责：基于技术规训的责任履行

（一）积极的管理权力：从"安全防控"到"安全规训"

福柯认为，权力不仅要从上下层级关系出发，而且要从空间、方式、关系等多维度重新审视。通过对少年监狱的深入观察，他将"规训"视为一种作用于身体的、更加微观的、难以察觉的新型权力。根据他对身体和权力的看法，当代权力对社会身体的运作机制不同于过往带有粗暴、独裁和专制特征的纯粹肉体惩罚，而是选择以更为柔性、更不易察觉的方式实现，通过规训"温和"地作用于身体。在这一过程中，权力成为积极的力量去塑造知识、生产话语，从而潜移默化地影响被管理者的行为选择。[19]

从规训视角看，封闭性是权力得以存续的根本性前提，校园正类似这种特定的规训场所，无处不渗透着这种积极的管理权力的运用。校园相对封闭的场域环境为校园安全管理者的权力运用提供了灵活发挥的空间。针对校园安全风险流动性所呈现的时空化特征，校园安全管理者可以"有的放矢"地通过制度安排来实现严格而有效的技术规训。这促使学校场域内大量的、多样化的、不同时空的技术规训工具得以落地，以实现对风险流动性的约束和控制，进而为摆脱风险流动带来的问责压力提供了可能。这意味着校园安全管理者的管理目标不仅是针对流动性的风险采取各种防控措施，而且更加关注围绕学生行为施加权力的影响进而采取安全的规训手段。

（二）校园安全技术规训工具的选择

1. 校园技术规训工具的特性

技术规训是区别于道德规训、法制规训方式的一种特殊形式，旨在以技术工具和方式实现规训的目的。与传统具有强制惩罚特征的管理方式不同，技术规训工具作用的发挥在于控制人们内在的自主意识，培养人们形成自我规训下的自律性，潜移默化地完成对人们意识和行为的支配与控制。规训工具的存在使得管理权力运行有了物化的载体，并形成一套具有内在强制力的运作体系。简言之，权力隐匿在技术规训工具之中发挥制度的约束作用。

福柯通过监狱的设置阐述了规训手段具有隔离、规则与调节刑罚三个基本特征，并指出了校园与现代监狱在规训形式上的相似性。可见，校园安全行为管理的技术规训工具同样具有这些特征：一是规训工具的时空化隔离。具有显著时空特征的校园安全规训工具是表征校园时间秩序和空间秩序的物化了的体现。无论是校墙、围栏等物理符号的隔离，还是上下课时间表所呈现的时间维度的隔离，都是为了规制学生安全行为而采取的强制性措施。二是规训工具的制度化规则。福柯在论述监狱对囚禁者的规训中，提到"在被囚禁者身上造成一种有意识的、持续性的可见状态，从而确保权力自动地发挥作用"。[20]时空成为一种管理秩序和管理要素，并暗含着管理的规则。校园安全技术规训工具成为学校安全管理者直接"凝视"的替代，其时空化存在强化了学生个体对自身行为的反思，使得制度制定以可视、可见的方式内化为自我遵守的身体化规训，以符合校园安全行为管理规则的标准。三是符号互动关系。布鲁默（Herbert Blumer）在其提出的"符号互动论"中认为，"人们依据他们对事物所赋予的意义来决定对其怎样采取行动，人与人之间的互动是运用符号进行的"。[21]从校园安全管理者与学生的关系来看，他们之间的互动并非面对面直接进行的，而是通过感知到的实物化管理工具进行，从而建立了一种以规训工具为载体的符号互动关系。

2. 校园安全技术规训策略选择：全时空的监视与"凝视"的延伸

根据以上分析，时空要素成为化解注意力有限性与风险流动性之间矛盾的关键。正是在这一逻辑推动下，学校安全管理工具的时空化选择十分关键。学校安全管理者的行为就是运用权力对各种技术规训工具和资源进行有效配置，以弥补个人注意力的不足。根据空间流动性和时间流动性的强弱程度，将校园安全技术规训工具类型划分为强时空属性、强空间弱时间属性、强时间弱空间属性和弱时空属性四种（如表2所示）。

表2 校园安全技术规训工具的类型矩阵

		时间流动性	
		强	弱
空间流动性	强	强时空属性 （大数据监测、意外伤害保险、安全承诺书）	强空间弱时间属性 （门禁、围墙、站台、窗户、警示牌）
	弱	强时间弱空间属性 （摄像头、钟表、铃声、宿舍作息表）	弱时空属性 （保安巡逻、班长和宿舍长汇报）

一是强空间弱时间属性工具,例如栅栏、门禁、校墙。这主要是用以塑造人们的社会空间观念,在易发生危险的地方设置警示标志或者采取防护设施。二是强时间弱空间属性工具,例如校园高处总会有钟表。这是通过在明显的位置呈现可听、可视的时间,通过时刻触发被管理者的时间意识,从而犹如一种"凝视的目光"提醒学生对不当行为进行自我反思与自我监督,并及时调整并遵守校园安全管理的时间规则。钟表把时间再现为独立而精确的管理秩序,使学生转变为遵守时间的人、节约时间的人。这种物化的规训手段以明确的禁止或允许的提醒来实现与被管理者之间的符号互动关系。三是弱时空属性工具,例如传统的保安巡逻行为以及班长、宿舍长的设置,这种方式也一定程度起到了行为预防和警示的作用。四是强时空属性工具,例如大数据监测、人身保险等。随着信息技术的升级,校园场域的风险监测工具和手段也日益精准与高效,尤其是大数据时代的到来,使得已高度时空覆盖的智能化形式成为校园安全技术规训工具转变的方向。

除了我的注意力要抓住时间和空间的关键点,我们还要抓住"人"这个关键,我一个人带400个人可能盯不过来,但是我还有班长和宿舍长,那么我这个管理团队就有40个人,我只需要和这40个人进行及时沟通就可以。(受访者2)

大学里进出相对比较容易,但所有入口都设置监控。现在学校管理的部门主要是保卫处,定期巡逻发现问题。(受访者7)

五 事中分责:基于时空秩序的责任分配

(一)学生人身伤害事故的责任认定:时空属性下的差异化问责

近年来,作为人民法院受理的侵权案件中一种最常见与多发的案件类型,学生人身损害纠纷中关于责任承担的问题在审判实践中存在较大争议。[22]一般来说，学校和学生之间的法律关系的理解决定了学校在学生伤害事故中承担怎样的责任，认定学校的责任需要判定其是否在具体的校园安全事故中尽到了教育、管理职责。[23]但现实中，限于校园管理资源的有限性和财政约束，不可能全面布局技术规训工具以达到理想的预期效果。一旦出现学生人身伤害事故，安全责任如何认定？处置管理者的逻辑是怎样的？在"稳定压倒一切"的管理理念下，责任认定难和责任无限包揽，促使管理者采取"一刀切"的时空判断思维，按照制度规定的管理范围、工作标准和职责内容进行判断。换言之，时空成为衡量校园风险活动的基本维度的同时，也成为管理制度问责的重要标准。但时空因素本身并不是决定学校是否负有责任的主要因素，社会符号化后的"标签"才是重要的决定因素。如果一个学生在因突发性疾病死亡时，其所处的时空场域可能被认定为重要的诱因。换言之，学校安全事件的发生并不一定是因为学校安全管理制度不清、防控措施不到位，而是由学校这一特殊场域决定的。

> 虽然法律上学校没有完全对学生安全负责的规定，学生外出了你作为老师却不知道，从情理上讲也可以理解，因为我没有这么多精力，但是做这个工作的，你的职责要求你要保证学生的安全。（受访者2）

（二）安全规训的失控和岗位职责趋势：事前履责转向事中分责

正是由于风险的流动性和不确定性，校园安全管理者采取管理工具时空化的方式将风险进行时空分配，同时注意力有限的困境也随之得到解决。然而，"自我规训由于强制力最弱，而且又主要是靠人的自觉，因而往往很难达到规训的效果"[24]。这也导致学校安全事故的发生难以杜绝。一旦校园场域内流动的风险成为现实的事故，之前"规训—被规训"的关系被打破，学校安全管理者的注意力逻辑随之由事前预防的履责逻辑向事中应对的责任分配逻辑发生转移。风险时空流动性加大校园安全防控和履责难度的同时，也为管理者提供了"有的放矢"和分配责任的依据。

> 学生自己犯错了，违反了学校的校规校纪，他自己肯定也清楚。我们处理这个事情，首先判断就是这个学生的行为是否是意外事件，如果是自己行为导致的，那他自己也要负责任。（受访者5）
>
> 咱们学校X校区女生宿舍在马路边，去年夏天晚上我就接到保卫处打的电话，说一个喝醉的外面的人大喊大叫准备翻入女生宿舍……幸好当时没有发生什么事……女生没有把窗户关好，我们就教育女生夏天把宿舍门窗都关好再休息。（受访者6）

由于"学校时空以制度化的形式与秩序、纪律联系在一起"，学校制度的时空化规范了学生在学校场域下的时空轨迹。[25]技术规训工具的时空化分布促使在校学生形成自我约束与管理的意识。一旦一些学生破坏了管理规则，必然是突破了内在意识的约束，其自身的"出格行为"天然地被贴上了"行为失范"的标签，这也成为学校安全管理者分责的关键逻辑起点。这一过程呈现两个基本逻辑：一是防控尽责和缩小责任范围。学校一般通过话语介入，主动发声和施行积极的处置行为，公布事发摄像记录，强调学校安全工作的合理性。此时，校园内的规章制度和可见的规训工具成为管理者履职的最好证明。二是事故转责和风险转移。学校通过建立学生安全信息通报制度，将学校规定的学生到校和放学时间、学生非正常缺席或者擅自离校情况，以及学生身体和心理的异常状况等关系学生安全的信息，及时告知其家属。同时，通过事前建立的风险防控和责任分配机制，校园管理者以签订安全承诺书、购买保险等方式来实现学生伤害事故的风险转移。

> 什么情况算外出请假呢，就是说你今天晚上能不能回到宿舍来住？那么我们会做一个承诺书，如果你外出必须给老师请假。（受访者2）
>
> 为了预防，我们尽可能去提醒学生这些安全意识，校园贷、电信诈骗这些也经常普及。如果你还是相信这些，被骗了那只能是自己的问题。（受访者8）
>
> 很多时候，我们能做的也就是在学生受到电信诈骗造成损失后，对

其进行心理疏导、安抚，然后再面向全体学生召开年级大会、班会宣讲电信诈骗防范的策略等等。（受访者1）

六 事后尽责：基于反思学习的责任重构

（一）责任重心向安全教育迁移：基于工作职责的反思学习机制

当技术规训工具失灵、学生自我规训失范都已经发生，虽然责任已经分解，但是校园安全管理者会即时启动反思学习机制，这往往将管理责任重心迁移为更多的安全教育。教育部在2014年印发的《高等学校辅导员职业能力标准》（暂行）中对高校辅导员工作职责明确规定了九个领域，其中关于安全管理主要强调："了解和掌握学生思想动态，针对学生关心的热点、焦点问题，及时进行教育和引导，化解矛盾冲突，及时报告和处理有关突发事件，维护好校园安全和稳定。"按照这一工作职责的明确要求，高校辅导员尽管可以按照责任划分和风险转移来明确安全责任主体的界限，但是岗位职责驱使其必须从事中分责转化为事后尽责，或者说也只能在事后再进行更加全面的安全教育以完成使命、弥补遗憾，避免事故的再次发生。

虽然校园安全管理者对安全风险的事后反思学习机制是从工作职责本身出发，然而学生安全风险和其他社会风险一样，具有复杂性和不确定性。[26]提高防控能力，需要不断地学习，系统详细地分析"为什么发生"并进行深度反思，这种反思学习的机制最终落脚在更加尽心尽力的安全教育上，可能实属无奈之举。安全教育属于应急治理机制建设的重要内容和校园安全风险沟通的主要方式，校园安全管理者也是在一次一次的"失败"经验教训中提升了风险感知，通过输入风险记忆、输出安全教育案例的方式不断地加强风险学习。[27]其中反思学习的核心仍然是时空要素，例如有受访者表示"那次（意外发生）以后我都会在运动会前或者训练前给各班体育委员强调很多遍这方面的安全"。

> 当学生受到电信网络诈骗，我总会考虑到底怎么样做反诈教育才更有效果呢。（受访者6）
>
> 上次运动会前的训练阶段，一个女生在水泥地上练习跳远，结果一下把脚崴了，送到××第一人民医院检查，居然脚踝骨裂了……那次以后我都会在运动会前或者训练前给各班体育委员强调很多遍这方面的安全。（受访者2）

同时，还需要进一步厘清学习机制、纠错机制，以及问责制度之间的逻辑关系，在这方面创新理论很值得学习，例如企业安全生产的监管关系中，从安全事故之后政府为企业"兜底"的结构到政府前期对安全企业"牵引"的结构，呈现了一种良性循环、可持续发展的示范。[28]在未来的研究当中，希望能够深入探讨有关问责制度和学习纠错机制之间如何能够良性促进、有序进行的问题。

（二）责任边界向数字化技术规训拓展：大数据技术防控校园风险的隐喻

技术规训的本质要求规训工具尽可能地扩大风险监视的"视野"，在时空维度上提升管理者风险防控能力与水平。在这种逻辑导向下，大数据技术所特有的更为全面的"全景敞视"思维与工具使得管理者真正突破时间和空间的局限成为可能，这也为学校安全管理者带来更为高效化、精准化、智能化的技术规训效果。一是推动学生人身伤害风险干预的关口前移，更加关注学生心理风险的预测预警。比如校园安全的大数据分析可以实现从历史预测未来风险行为的可能性。[29]尤其在高校，利用大数据技术不断渗透和深入网络空间学生行为的监测与记录，可以根据检索偏好、浏览记录等对学生的行为进行分析。例如，对于学生发布的"说说"等网络社交媒体信息反映出的情绪变化进行心理风险识别，使得被动的事后应对转向事前心理干预成为可能。二是精准、全面、快速识别风险。与过去的技术规训工具的"节点式"控制相比，大数据技术防控构建了更加准确高效的时空安全防控网，而非过去基于经验判断的高风险节点。[30]在规训范围上,由"点"到"网"的转变,将分散的、单一的时空信息进行实时整合,更能全面地挖掘学生的风险行为。例如学业成绩预警、心理干预预警等等。在规训方式上,不再依赖于通过加强校园安全事件易发、常发地区的监测与巡逻,而是改变过去以"物理—经验"防控为主的模式,转向"技术—制度"防控模式以发现隐藏的时空风险点,这同时也降低了规训成本。

> 管理最难的就是大数据利用得不好,智能化工具运用太少,比如疫情这些信息上报,系统运行跟不上,还是基础的、人工的统计。(受访者5)

> 我们就希望有一种方式能全时间段地掌握学生的行为轨迹。如果大数据做得好的话,比如这个学生一周没有去食堂就餐、没有上课、独来独往,我们就可以收到预警信息,提醒我们关注学生的心理问题。(受访者6)

大数据技术防控校园安全风险具有规训工具理性的必然性,但是也必须强调个人隐私权利的保护和虚拟社会伦理、信息伦理的风险。从《数据安全法》到2021年11月1日正式实施的《个人信息保护法》,使得大家逐步意识到,使用数据要在保护数据隐私的前提下进行。对虚拟的数字生活来说,商谈伦理和理性的公共使用在任何时候都应得到强调。[31]现实社会伦理作为一种重要的文化资源会延伸到数字社会中,通过不断调适和转换,既促进了信息活动道德的发展,也维护了社会道德的完整性。[32]因此,虽然大数据技术驱动校园安全管理的效果提升,但是也需要警惕其向波斯特(Mark Poster)信息论提到的"超级全景监狱"变异,这种权力结构不仅有可能危害个人隐私权利,而且有可能走向"极端"。[33]如何审慎地使用大数据,科学维护"三元空间"安全秩序,摆脱数据库对人的异化管理,协调数据与人、人与人、数据与数据的关系,平衡好工具理性和价值理性,都是将来需要进一步探究的问题。

七 结论与讨论

本研究立足于福柯规训理论的柔性演变和时空社会学的建构意义视角，将时空要素纳入校园安全管理研究的视野，通过访谈资料分析，审视与解读风险的流动性和责任无限包揽的管理困境，梳理出校园安全管理者行为的两层逻辑，即时间上的连续性、管理责任上的重构性。如图1所示，校园安全管理的行为逻辑具体可以划分为基于技术规训的事前履职、基于时空划分的事中分责以及基于反思学习的事后尽责。在风险防控阶段，校园安全管理者通过构建多种技术规训工具实现"全景敞视主义"的最大化，呈现了学校安全行为管理的事前履责逻辑；在事故处理问责阶段，则通过明确问责的时空属性，构成了划分问责主体的事中责任分配逻辑；在事后学习反省阶段，责任消解并重构为安全教育或技术规训，并迁移为事后完全尽责逻辑。简言之，校园安全管理通过改造学校场域的时空分布和运用制度化的权力，借助技术规训工具来影响与应对学生的风险行为。

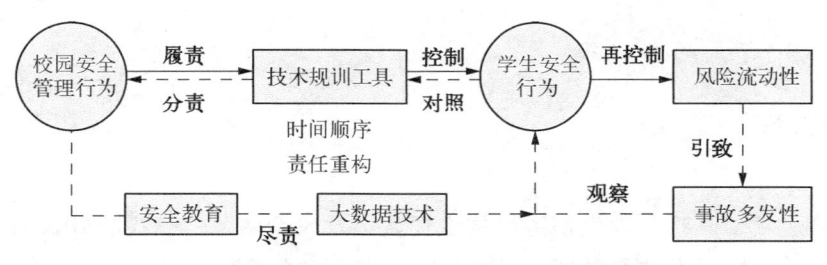

图1 校园安全管理与学生安全行为的互动逻辑

校园安全管理问责制度运行的关键在于明确风险的生成边界，并通过时空化来增强风险防控与事故问责效果。学校安全规训工具的制度性嵌入和时空化分布，解决了风险流动性与责任无限包揽之间的矛盾。从权力运用看，在履责阶段，时空化技术规训工具的分布与拓展，反映着权力的渗透与延伸过程，而在分责阶段，又表现为职责范围的内缩，这种权力与职责的双向逻辑反映了当前行政体制下基层管理者的行为逻辑，在事后总结阶段又表现为对安全教育的无限尽责。然而，学校安全规训工具并不是对风险时空防控的绝对化，如内嵌于学校的私人空间和时间的隐私保护等方面将给规训带来一定的难题。这也隐含着运用大数据技术防控学校安全风险的必然性，即由单一分散的时空防控转向多源数据整合的综合防控。

本研究的主要价值在于从时空社会学视角研究了校园安全管理行为与学生安全行为风险之间的互动逻辑关系：一是从时空流动性视角丰富了对于校园风险本质与内涵的认识，并对当前学校风险管理工具的性质进行了深刻揭示；二是基于学生安全管理的现象观察，解释了校园安全管理如何化解管理注意力有限性与责任无限包揽之间的困境。同时，无论是为了实现事前学校安全的履责而设置的大量技术规训工具，还是事中分责所采取的手段，以及事后责任迁移为安全教育，都呈现出工具理性和行政体制下的管理异化。如何在技术规训过程中实现教育价值的回归，厘清技术规训和制度问责的边界，避免陷入问责压力下单一的"制度规训"，是未来需要进一步探讨的重要议题。

参考文献

［1］ 方芳, 陈涛. 学生伤害事故责任认定及风险防范——基于 2017 年 510 例司法诉讼案件的实证研究［J］. 复旦教育论坛, 2018, 16（6）: 27 - 33.

［2］ 杨茜茜, 金荣婧. 依法治校视域下高校学生伤害事故的理性反思［J］. 高教探索, 2019（6）: 22 - 29.

［3］ M. Edward. Sartre, Foucault and Historical Reason, Volume Two: A Poststructuralist Mapping of History［J］. The Review of Metaphysics, 2006, 60（2）: 394 - 396.

［4］ 杰里米·克莱普顿, 斯图亚特·埃尔顿. 空间、知识与权力：福柯与地

理学［M］．莫伟民，周轩宇译．北京：商务印书馆，2021：15+45+141-186.

［5］ 朱静辉，林磊．空间规训与空间治理：国家权力下沉的逻辑阐释［J］．公共管理学报，2020，17（3）：139-149+175.

［6］ P. A. Sorokin, R. K. Merton. Social Time：A Methodological and Functional Analysis［J］．American Journal of Sociology, 1937, 42（5）：615-629.

［7］ A. M. Alonso. The Politics of Space, Time and Substance：State Formation, Nationalism, and Ethnicity［J］．Annual Review of Anthropology, 1994, 23（1）：379-405.

［8］ H. Zamanifard, T. Alizadeh, C. Bosman. Towards A Framework of Public Space Governance［J］．Cities, 2018, 78（8）：155-165.

［9］ 王昕．时间维度下的"数字亲密"——基于青年群体互联网实践的质性研究［J］．中国青年研究，2019（10）：5-11+68.

［10］ 林聚任，王兰．时空研究的社会学理论意蕴——社会建构论视角［J］．人文杂志，2015（7）：110-115.

［11］ Z. Bauman. Liquid Times：Living in an Age of Uncertainty［M］．Cambridge：Polity, 2007：94.

［12］ J. Rahn. How Cameras Enhance Safety on a Small Campus［J］．Campus Security Report, 2021, 18（4）：5-6.

［13］ T. Lemke. An Indigestible Meal? Foucault, Governmentality and State Theory［J］．Journal of Social Theory, 2007（8）：43-64.

［14］ 米歇尔·福柯．规训与惩罚［M］．刘北成，杨远婴译，北京：生活·读书·新知三联书店，2007：50-58.

［15］ A. Sjp, B. Skms, et al. School Health Predictors of the School-to-Prison Pipeline：Substance Use and Developmental Risk and Resilience Factors［J］．The Journal of Adolescent Health, 2022, 70（3）：463-469.

［16］ 李全生．布迪厄场域理论简析［J］．烟台大学学报（哲学社会科学版），2002（2）：146-150.

［17］ 张海波，童星．专栏导语：中国校园安全研究的起步与深化［J］．风险灾害危机研究，2017（3）：1-3.

［18］ 王超．我国学校安全政策注意力演进研究——基于35年《教育部工作要点》的内容分析（1987—2021）［J］．广州大学学报（社会科学版），2022，21（2）：18-31.

[19] 刘临达. 权力对封闭性的依赖——《资本论》和《规训与惩罚》视域下的权力研究［J］. 烟台大学学报（哲学社会科学版），2017，30（3）：17－23.

[20] 加里·古廷. 福柯［M］. 王育平译. 南京：译林出版社，2013：36.

[21] 郑杭生. 社会学概论新修［M］. 北京：中国人民大学出版社，2013：149.

[22] 余雅风. 学生在校人身损害责任的法律解读与思考［J］. 教育研究，2011，32（10）：38－43.

[23] 汪鹏. 共建、共治、共享视域下中小学校园风险脆弱性指标设计与实证研究［J］. 风险灾害危机研究，2021（1）：61－82.

[24] 胡键. 大数据技术条件下的城市治理：数据规训及其反思［J］. 华东师范大学学报（哲学社会科学版），2019，51（5）：53－59+237.

[25] 于丽颖，龚泽鹏，韩自强. 基于调查实验法的校园欺凌概念界定：儿童和青少年的视角［J］. 风险灾害危机研究，2020（2）：201－217.

[26] D. Ayala, C. C. Galasso, et al. Resilient Communities Through Safer Schools［J］. International Journal of Disaster Risk Reduction，2020，45（C）：101446.

[27] 许倩. 强教育与弱感知：高校安全教育中正式和非正式制度对大学生风险感知的影响——基于电信诈骗的多案例研究［J］. 广州大学学报（社会科学版），2022，21（2）：32－43.

[28] 张海波. 总体国家安全观下的安全生产转型：从"兜底结构"到"牵引结构"［J］. 中国行政管理，2021（6）：119－127.

[29] 沙勇忠，王超. 大数据驱动的公共安全风险治理——基于"结构—过程—价值"的分析框架［J］. 兰州大学学报（社会科学版），2020，48（2）：1－11.

[30] K. Dohyung, P. Keunhyun. Analysis of Potential Collisions between Pedestrians and Personal Transportation Devices in a University Campus：An Application of Unmanned Aerial Vehicles.［J］. Journal of American College Health，2021，69（2）：1－8.

[31] 张轶瑶，田海平. 大数据时代信息隐私面临的伦理挑战［J］. 自然辩证法研究，2017（6）：5.

[32] 沙勇忠. 信息伦理学［M］. 北京：国家图书馆出版社，2004：28.

[33] 马克·波斯特. 第二媒介时代［M］. 范静哗译，南京：南京大学出版社，2001：36－37.

From Duty Performance to Duty Distribution and Duty Fulfillment
—Behavioral Logic of Campus Safety Management from the Perspective of Technical Discipline

Xu Qian Sha Yongzhong Wang Chao

Abstract: The limitation of attention of campus safety management and the infinity of responsibility are the realistic dilemma faced by university administrators. Based on the flexible evolution of Foucault's discipline theory and the analysis of the temporal-spatial elements of campus safety management, this paper takes college counselors as the interview object, focuses on the temporal-spatial observation of students' safety behavior, and tries to reveal the application of technical discipline tools in college safety management and the internal logic presented by them. It is found that the behavior of campus managers presents two-layer logic, namely the continuity of time and the reconstruction of management responsibility. Specifically, it is presented as the performance of duties based on technical discipline in advance, the division of responsibilities based on the division of time and space when an accident happens, and the responsibility fulfillment based on reflective learning afterwards. The division of these three stages not only enriches the connotation of the time-space fluidity of campus risk, but also responds to the practical contradiction of campus safety management from the angle of tool rationality and value rationality.

Keywords: Campus Safety; Technical Discipline; Spatiotemporal Sociology; Risk Control; Management's Attention

全过程均衡视角下的灾害预防与响应
——基于洪灾应对网络的分析[*]

李智超 李智敏 廖 力[**]

摘 要：我国的洪灾应急管理已经建立起较为完善的防汛指挥体系，但在应急管理运行机制上，应急准备与应急响应仍存在着彼此割裂的问题。本文从应急全过程均衡视角出发，以2020年湖北省洪涝灾害应对为例，刻画应急准备和应急响应的协作网络。运用QAP回归模型，对不同阶段应急组织协作网络生成逻辑进行比较分析。结果表明：（1）应急准备阶段受限于行政属地、信息、资源等的分割，导致应急管理碎片化，以属地内部横向协作为主，而响应阶段基于上级应急部门的行政嵌入，能够克服应急碎片化弊端；（2）不同于国外应急管理理论和实践经验，我国应急响应阶段上级政府的纵向干预，在整个应急网络中发挥着更为重要的作用。在未来的应急管理改革中，应积极解决应急准备阶段的"碎片化"问题，推动应急管理全过程均衡发展，形成常态化的组织间信任与稳定的合作，推动国家应急管理体系持续创新。

关键词：应急网络 府际协作 应急全过程均衡 洪涝灾害

---

[*] 基金项目：本文受国家自然科学基金项目"智慧城市建设中的多元主体协同、治理网络与演化机理研究"（71974057）资助。

[**] 李智超，上海交通大学国际与公共事务学院长聘副教授，博士生导师，主要研究方向为应急管理、数字治理、社会网络与制度变迁；李智敏，华东政法大学政治学与公共管理学院研究助理；廖力，香港大学政治与公共管理系博士研究生。

一 引言

"非典"之后，我国启动了以"一案三制"为核心的综合应急管理体系建设。2005年，《国家突发公共事件总体应急预案》颁布后，应急预案体系得以逐步建立。然而，在具体实践中，部门预案脱节、衔接困难的问题较为严重，应急预案并不能有效发挥作用。[1] 2007年《中华人民共和国突发事件应对法》的颁布，对应急管理的全过程进行了明确的界定，强调预防与应急准备、预警与监测、应急处置与救援、事后恢复与重建四个阶段，应急全过程思维被引入应急管理的顶层设计。2018年，为整合优化应急力量和资源，推动形成统一指挥、专常兼备、反应灵敏、上下联动、平战结合的中国特色应急管理体制，提高防灾减灾救灾能力，应急管理部成立。[2][3] 回顾我国应急管理现代化实践发展历程可以看出，我国应急管理体系取得了明显建设成效，然而在应急过程中工作重点常常聚焦于应急响应环节，对其他环节的重视尚不均衡。从我国应急管理的现实需求来看，实现应急管理全过程均衡，提升应急组织协调能力是广泛共识，也是当务之急。[4]

我国是世界上极端洪灾频繁发生、受洪灾影响较为严重的国家之一。[5] 近年来，在气候条件变化的影响下，流域性的洪涝灾害连年发生，洪涝应急管理成为相关省市夏季工作的重要内容之一。应急管理全过程均衡理念也逐渐对我国洪涝应急管理预防、响应、灾后处置以及防汛组织体系的构建产生影响。[6] 尽管我国当前已建立起较为完善的防汛指挥体系，在紧急状态下能够形成对洪灾应对有效的整体性协作，但应急组织间的合作可持续性和稳定性欠佳。洪灾救援和处置等应急响应环节往往得到更多的重视与资源挹注，而对应急管理其他环节的重视则相对不足，特别是在应急准备阶段，应急主体合作、数据信息、资源分配存在分散化的状态，这些"碎片化"现象都会对应急组织的有效协作产生负面影响。[7]

我国灾害社会科学研究大规模兴起于2003年"非典"疫情之后。[8] 有研究聚焦典型案例，分析应灾过程中组织间资源、信息、命令传递的网络形态，并关注应灾过程中政府与非政府组织间的互动关系[9][10];也有研究关注应急组织间网络结构及其动态演进,通过组织网络的过程追踪,揭示灾害应对过程中组织间合作的演化特征。[11][12]然而,既有研究局限于对应灾组织关系的结构特征进行描述分析,在两个核心议题上有待理清。首先,我国"纵向到底、横向到边"的组织结构如何在应急网络中发挥作用?其次,不同的应急阶段,应急网络的特征与形成存在着怎样的差异,其治理意涵为何?

基于我国洪涝应急管理现状分析,本文从应急全过程均衡视角出发,以2020年湖北省洪涝灾害应对过程为例,运用社会网络分析方法,重点分析应急准备和响应阶段政府组织合作的文本数据刻画合作网络。为更好地理解组织间网络生成逻辑,除了纳入横向联系和纵向联系这两项核心变量,还结合相关理论与中国洪涝应急管理的实际,将地理位置信息以及经济人口特征这一变量纳入理论模型。在此基础上,通过 QAP 回归进行实证检验,分析应急不同阶段协作网络生成逻辑存在的差异,对预警和响应两阶段的应急网络进行对比分析。

二 文献回顾和研究假设

(一)应急管理中的府际关系

应急管理过程涉及不同层级的政府组织的协同,应急管理体系更是由纵向层级结构和横向部门机构共同纵横交错组成的复杂网络。[13][14]随着"府际关系"理论研究的不断深入,府际关系概念的外延也随之不断拓展。"府际关系"可以从纵横两个维度加以理解。政府间纵向关系是指在科层结构中不同层级政府之间形成的各种关系,既包括中央政府与地方政府之间的关系,也包括地方上下级政府之间的关系。[15]政府间横向关系则是指不同地方政府或政府职能部门之间的水平互动关系,既包括横向间不同地方政府之间的关系,也包括政府内部不同机构之间的关系。[16]根据《国家防汛抗旱应急预案》的相关规定,我国的洪灾应急管理实行行政首长负责制,从中央到省级再到地方都设立有防汛指挥机构，由此形成自上而下的分级管理和属地管理相结合的应急组织体系。这些政府主体间相互协作交流，形成纵向层级和横向平行两个维度交错的府际关系网络，具体如图1所示。

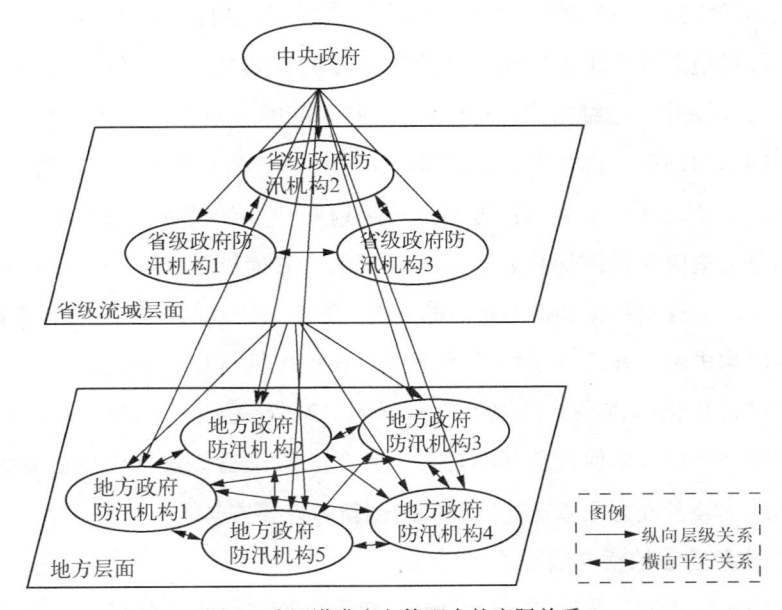

图 1　我国洪涝应急管理中的府际关系

1. 应急管理的纵向层级关系

应急管理过程中不同层级政府部门之间有效的沟通和协作，是有效应对灾害危机的重要因素之一。中国政府间纵向应急管理关系从"中央主导、统包统揽"走向"属地为主、分级负责"的过程，凸显了防灾救灾中地方政府责任的重要性。政府减灾与救灾工作分布于地方政府的相关职能部门，府际协调也因此成为防灾减灾的重要组织保障。在以"一案三制"为基础的应急管理体系下，应灾过程中常常存在应急协调困难、基层应急能力不足等阻滞因素，府际关系的统筹与协调能力有待提升。因此，需要进一步理顺府际应急管理权责关系，动态更新应急管理制度文本，构建符合现实行政环境特征的应急管理纵向府际关系。

在我国国家治理结构之下，对于突发公共事件的应对，往往会采取"运动式治理"模式[17],党组织在其中发挥着重要的统筹作用,协调政府、军队以及其他应灾组织。然而,应急管理中的纵向府际关系的复杂性并未在应急制度文本中得到充分体现,尤其是当灾害危机引致政府行政功能中断时,府际关系运转规则依然体现着党的领导。[18]有学者运用韩国首尔大都市圈台风的案例,探讨地方政府组织应对自然灾害合作的有效性,发现纵向的府际协作并不能有效提升治理绩效[19],而地方政府间能够自发形成有效的应灾协作。在不同国情与制度安排之下,政府间的横纵关系对治理绩效的影响存在差异。在我国,有研究分析了中国地方政府环境府际协作治理的形成机制,发现纵向干预是促进协作机制深化发展的必要因素,它能够强化参与者间的横向互动,而不只是自发协作动机不足时的补充。[20]这一研究剖析了纵向干预对地方协作的影响机制,并拓展了协作治理理论在中国情境中的讨论。应急过程中出现的"碎片化"现象,体现了单一制下"政策一统性"与"执行灵活性"之间的深刻矛盾,如何优化纵向府际关系的责权配置,发挥中国国家治理独特的制度优势,成为应急管理体制机制创新的重要方向。[21]

2. 应急管理的横向层级关系

我国实行流域与区域相结合的水资源管理模式,在分级管理和属地管理原则下,流域内各级地方政府在各自管辖范围内享有对洪灾的应急处置权,同时对本区域内的洪灾造成的灾害损失负责。流域内跨行政区域的地理分布特征,决定了洪灾应急管理必须依靠流域与区域政府主体协作进行危机应对。[22]但是,行政区域的划分造成了行政主体权责在地理上的分割,这种限制也给流域防总的行政协调造成了一定的困难。地方政府需要对地方的经济、社会等发展负责,因此洪灾发生后,由于灾害流域内的同级政府主体往往从自身的灾情损失出发,考量自身应急财政经费、应急能力等因素,多选择对于属地较为有利的应急策略,从而表现出不同程度的合作意愿,进而影响整体应急协作效能的提升。

当前,国内外有许多研究关注到地方政府间横向互动对应急协作效率的影响。我国地方政府间横向协作多受到属地管理等因素的阻滞,在信息、资源等方面的共享和交流存在一定的壁垒,其组织合作特征与国外的相关经验研究形成鲜明对比。例如，宋（Song）和郑（Jung）通过比较韩国首尔水灾准备和响应阶段组织协作网络的变化，发现响应阶段组织间横向的联系更为灵活，地方政府间能够自发形成有效协作，而且这种基于地方自发的应急合作对响应阶段应急效率的提升发挥着关键作用。[23]不同于韩国水灾应对过程中展现出的高效的地方政府间横向协作，在我国，由于"行政区行政"的惯性和"部门利益"的梗阻，容易导致地方层面应急管理的"碎片化"现象。[24]中国国家治理的内在逻辑，决定了地方官员应对跨域突发事件的动力与能力先天不足，针对跨域突发事件的自发协调能力较弱。在常规治理机制中，在"属地管理""对上负责"以及"差序责任"的共同作用下，地方政府之间往往不能自发形成有序的府际协作和应急协调，特别是府际的晋升竞赛还会进一步弱化府际协作的动力。[25]因此，在没有上级政府纵向干预的情况下，地方政府间往往呈现较为分散的状态，难以搭建应急联动信息共享和行动整合平台。

（二）应急准备和应急响应的衔接

从应急管理的实践过程来看，其也存在着自身结构，而应急准备和响应是应急管理全过程中两个十分重要的阶段。应急准备包含较为丰富的内容，在《中华人民共和国突发事件应对法》中关于应急准备的内容多达二十余项，主要包括应急预案体系、风险调查与评估、应急管理培训、应急救援队伍、应急物资储备等等。应急响应则是在灾害发生后，各类应灾主体采取相关措施以应对灾害的过程，主要涉及社会协同、突发事件信息发布、应急处置措施等等。

各类应灾主体在应急管理实践中进行信息共享、资源交换、政策执行等活动，从而形成了不同应急阶段的复杂组织网络。已有研究表明构建组织间稳定的协作网络对于应急管理绩效的提升至关重要。[26][27]而关于应急准备网络和响应网络之间的结构性差异，已有学者利用应急预案等制度文本进行了探索性研究。[28]应急准备网络和响应网络密切关联，在应急准备环节中，组织间活动主要以演习或意向性协作为主，这是基于针对灾害情境预测而进行的活动，不仅有助于增加组织间协作的频次以及强化组织间的互信关系，而且有利于建立可持续的组织网络，提升组织对灾害响应过程的适应性和协作绩效。[29]胡倩和卡普库（Kapuku）在应急准备和响应网络的研究中引入组织之间的友谊网络，这是基于组织间的资源交互而形成的一种非正式的关系网络。结果证实，如果组织之间在应急准备阶段形成了比较紧密的协作关系，进行资源和信息交换共享，那么在响应阶段，这些组织基于信任和已有制度文本的约束，更容易达成集体行动。[30]这些研究验证了应急准备网络和应急响应网络之间存在着正向关联和互为支撑的复杂网络效果。从灾害应急网络的视角出发，应急准备阶段中的组织协作以及预案制度有效性的绩效评估，需要依据其在应急响应过程中所发挥的实际效果。应急准备工作动态变化，也需要根据应急响应长期积累的实践经验进行调整和优化。[31]

基于以上分析，可以发现应急准备和应急响应环节之间的密切联系。应急准备环节的组织间协作和应灾准备工作有利于提升响应环节组织协作绩效，而响应环节组织协作网络的关系特征能够给予应急准备以更多的经验参考。在我国洪灾应急管理实践中，大量应灾资源投入到应急响应过程中，这种不均衡的状态，不但会导致应急准备和响应环节的割裂，还可能降低整个应急管理过程的有效性。

（三）应急准备和应急响应的"割裂"

在应急管理体系实际运行的过程中，受制度等外部条件的约束，在洪灾应急管理的不同阶段，应急组织选择合作对象有不同的偏好。[32]而应急管理全过程中的不均衡，往往表现为准备和响应阶段的割裂状态。在应急准备阶段的常规治理机制下，应急组织间协作较为分散化。地方政府间在信息、资源、行政等方面呈现分割状态，进而引致整体性应急协同失效。[33]对应急管理"碎片化"的原因，有许多学者进行了探索性研究，给出了职能部门众多、救援力量分散、基础设施"碎片化"、官僚体制、府际博弈以及行政区划等多方面的解释。[34][35]从府际关系的视角出发，"碎片化"现象既是地方政府间关系长期处于分割与竞争状态的成因，更是这一现象长期存在所导致的结果。在这种壁垒的阻隔下，地方组织之间缺乏有效的互动与交流，难以形成有序稳定的协作机制。[36]从应急管理"碎片化"的组织成因来看，常规治理机制下组织之间难以突破"行政区行政"模式的壁垒，自发协同应对跨域突发事件。由此引致危机应对过程中出现地方政府间管辖权难以确定、管理超出应急预案范围、既有的体制不适应于应对跨域性突发事件等问题。最终，在上级政府缺位的情况下，形成地方跨域突发事件应急联动中的"碎片化"局面。

尽管我国洪灾应急管理体系已较为完善，但实际管理中仍然存在着"条块分割"、"多龙治水"、应急主体责任界定不清、合作不畅等现象。在应急准备阶段，地方政府之间以及同一地方政府中的不同部门之间都会出现应急协作困境，导致预案制定"碎片化"、应急演练流于形式、信息资源共享困难等问题。据此，提出如下研究假设。

H1：在应急准备阶段，受应急管理"碎片化"的影响，组织间的协作以区域内横向联系为主。

在洪灾响应阶段，上级防汛应急部门积极参与地方政府的救灾过程，资源丰富的高中心性的应急组织能够在应急网络中占据主导作用，协调不同组织间协作进行救灾。在这一情形下，针对紧急情况的府际部门合作更容易达成，也即能够解决属地、资源和信息分散导致的"碎片化"问题，形成多层级、跨部门、跨地域的应急协作网络，从而灵活应对灾害。这种基于权威而形成的府际协作，往往可持续性和稳定性欠佳，但其协作特征可以为应急准备阶段的组织协作和交流提供现实性参考依据。因此，在洪灾应急准备阶段，要积极吸取响应阶段组织间合作的特征，开展应急演练、信息交流等活动，推动组织间形成良好的信任与合作关系，以便在灾难发生后，地方政府部门能及时向应急响应状态转化，提升灾害应对的能力。为了更好地理解两个阶段组织间协作特征的差异性，需要通过实证深入探究应急不同阶段组织协作网络的生成逻辑并进行比较分析，最终对准备阶段应急协作体系做出优化调整，以促进应急管理全过程均衡。

图2以图示的方式呈现了应急准备环节向响应环节演进的阶段性特征。在应急准备阶段，组织间协作局限于行政属地内部，缺乏与其他相邻属地的信

息沟通，且与上级应急防汛组织缺乏有效协同。在响应阶段，省级或中央应急组织 C 积极参与到地方 A 和 B 的组织协作中去，进而推动整个洪灾响应网络构成联系紧密的整体网络结构。

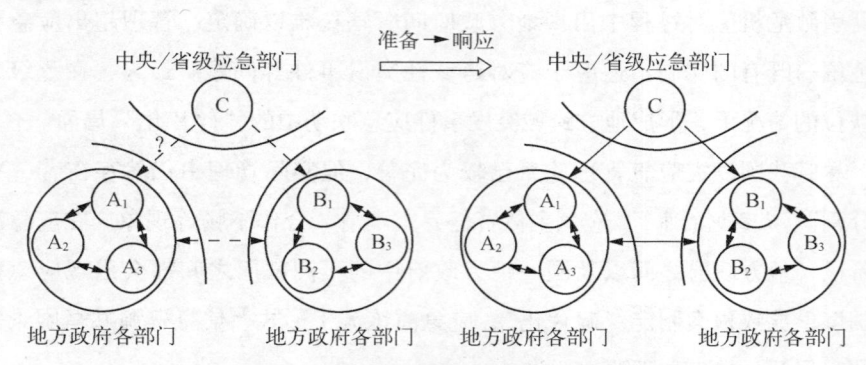

图 2 我国洪灾应急管理准备阶段向响应阶段演进变化

因此，针对响应阶段组织间的协作特征，提出研究假设 H2。

H2：在应急响应阶段，中央和省级的应急组织积极向地方嵌入，能够克服准备阶段"碎片化"弊端，形成紧密协作结构。

三 数据来源、变量选取和实证模型

2020 年入汛以来，我国南方地区遭遇多轮强降雨过程，造成多地发生洪涝灾害。湖北省位于我国长江中下游平原地区，入汛后降雨量大且波及范围广，汛情较为严重，给广大人民群众的生产生活带来负面影响。① 本文选择以湖北省洪灾应对过程作为研究对象，将之作为研究案例出于以下几方面的考虑：（1）洪涝灾害与台风等自然灾害类似，具有波及面广、应急动员难度高、社会影响大等特点；（2）湖北省洪涝灾害应急过程涉及应急、水利等不同政府职能部门的参与，各组织间长期的交流互动形成了复杂网络，可作为研究洪涝灾害应急网络的典型案例；（3）湖北省洪涝灾害准备和响应时期较长，政府

---

① 信息来源：水利部长江委员会，http://www.cjw.gov.cn/xwzx/zjyw/48939.html，2020 年 7 月 19 日。

官方发布、新闻报道等文本数据较为齐全，数据量大且易于获取，便于研究开展。因此，综合上述情况，本文以2020年湖北省洪涝灾害应对过程为例展开研究，动态考察洪涝灾害预防和响应，具有研究意义上的典型性。

（一）数据来源

本文的案例考察时段为2020年4月1日至2020年8月31日，基于以下基本事实：2020年4月1日，湖北省基于长江流域旱涝趋势预测分析，得出防汛形势紧迫的判断，因而全域开展了水旱灾害防御的汛前检查和准备工作。此后，湖北省防汛抗旱指挥部办公室于6月22日启动了防汛Ⅳ级应急响应，8月31日，终止防汛Ⅳ级响应。从应急全过程均衡视角来看，启动应急响应机制是应急响应的第一道程序，因而本文以2020年6月22日作为划分应急准备阶段（2020.4.1—2020.6.22）和应急响应阶段（2020.6.23—2020.8.31）的时间点。

为解释应急准备和响应不同阶段组织合作情况，本文采用文本数据计量的方法呈现应急协作网络。具体而言：首先，本文使用的文本数据，主要来自政府官方门户网站的新闻报道和不同部门的联合发文，文本信息记录了组织间的合作方式和目的，便于梳理和呈现长时间段的府际合作结构；其次，文本数据具有半结构化的特征，记录了合作单位的基本属性信息，为分析协作网络的形成演化机制提供了便利。因而，本文基于湖北省洪灾准备和响应阶段的政府官方新闻报道、合作发文等文本数据呈现协作网络。[37]

进一步而言，本文依据我国洪涝灾害应急管理组织架构，并结合《中华人民共和国防洪法》《国家防汛抗旱应急预案》以及《湖北省防汛抗旱应急预案》等制度文本的内容，确定核心组织节点的选取。例如，国家防汛抗旱总指挥部是依据"防洪法"而成立的，作为国家层面的指挥机构，在我国的防汛工作中发挥着领导作用，因而本研究将其纳入应急网络中。依照各类制度文本，本文明确了从中央到地方合计90个在防汛应急过程中的核心部门。

在数据编码方面，本文通过政府部门相关网站搜集了2020年4月1

日至 8 月 31 日关于应急组织协作的新闻报道,剔除重复以及和本研究无关的新闻,累计 396 条文本数据。为降低编码过程中的主观偏误,编码工作由三位编码员独立进行编码,编码结束后计算了编码的信度,整体编码的 Cohen's Kappa 指数为 0.921,具有较高的信度。基于社会网络分析方法,编码工作将文本涉及的应急组织编码作为节点,文本内容中涉及的组织间命令、信息、资源等传递关系编码作为无向边,结构化表示应急组织间的联系,主要对于以下内容进行了编码:组织节点、组织层级、协作内容、协作方式以及行动时间。

(二) 变量选取

1. 被解释变量

本文被解释变量为应急准备阶段的组织协作网络 N_1 和响应阶段应急协作网络 N_2。在文本筛选完成后,提取文本中的参与主体信息描绘应急合作网络:合作主体记作网络节点,主体间合作关系记作网络中的连线。需要指出的是,组织 A 与组织 B 协作,等同于 B 与 A 协作,要剔除网络中重复的连线。以往的实证研究中,多刻画无向非加权网络,但无法体现组织之间合作程度的差异。为反映不同网络节点之间的合作程度,本文依据组织节点合作的频数呈现无向加权网络。合作网络可用 90×90 的矩阵 $x = (x_{ij})$ 表示,$x_{ij} = n (n \geqslant 1)$ 表示组织节点 i 和 j 存在协作关系,n 的值越大,表示合作的紧密程度越大。若 $x_{ij} = 0$,则表示两个组织节点不存在合作关系。

2. 解释变量

本文的解释变量分为核心解释变量和控制变量。核心解释变量主要包括体现应急网络中组织横纵向结构特征的变量,依据组织间关系进行编码。因而,核心解释变量主要包括:横向联系,即同一层级的组织协作;纵向联系,即跨层级的组织协作。在横向联系这一变量的编码上,属于同一层级的组织编码为 1,否则为 0。纵向联系这一变量反映了不同层级组织之间的关系。本文涉及的组织层级包括中央、省级以及地方三个层级。因此层级不同的组织编码为 1,否则编码为 0。

为控制其他因素对应急组织网络形成带来的影响，基于国内外现有的研究成果，本文将以下因素作为控制变量纳入模型，包括：① 地理位置。依据地理位置对府际关系的影响，地理位置越邻近，越容易产生政府间的合作联系。因此依照地理位置的邻接关系进行编码。当两个地级市行政区划相邻时，编码为1，否则编码为0。② 同一水系沿岸。当两个地级市处于同一河流或水库沿岸时，所在地的应急组织间更容易产生联系和合作。因此，依照是否处于同一水系沿岸进行编码。当两地级市处于同一水系沿岸时所在地的应急组织编码为1，否则编码为0。③ 经济发展水平。通过《湖北省统计年鉴》（2019）获取各地级市的人均国内生产总值（GDP），通过计算不同地级市之间差值来反映不同地级市之间经济发展的差异，判断对跨域之间应急协作的影响。④ 人口密度。各地级市的人口密度的测量依照人口密度（人/平方千米）＝人口数（人）/面积（平方千米）测算。

（三）实证模型

应急准备和响应阶段的府际协作关系并非常规计量模型采用的属性数据，而是典型的矩阵形式的关系型数据，存在显著的结构性自相关。传统计量方法难以真实地反映变量间相互关系。二次指派程序（Quadratic Assignment Procedure, QAP）是一种专门处理关系类数据的非参数方法，无须假定解释变量间相互独立，其估计结果较参数回归方法更稳健。本文的网络分析均运用 Ucinet 软件，利用公式（1）和（2）检验准备和响应阶段应急组织网络形成的假说。其中，$h\ or$ 体现为组织层级的相似性，即组织间协作的横向关系；$h\ ir$ 体现为组织层级的差异性，在应急网络中能够反映组织间协作的纵向联系。X 为一组控制变量，包括地理位置、同一水系沿岸、经济人口特征等。在 QAP 回归分析之前，需进行 QAP 相关分析。具体而言，采用矩阵随机置换的方法，逐一分析各解释变量与被解释变量矩阵的相关性，筛选解释变量，最后进行 QAP 回归分析。[38][39]

准备阶段应急协作网络：$N_1 = F\ (h\ or、h\ ir、X)$ （1）

响应阶段应急协作网络：$N_2 = F\ (h\ or、h\ ir、X)$ （2）

四 实证结果

（一）描述性分析结果

基于湖北省洪灾应急不同阶段中组织间关系数据，利用 R 程序中软件包 ggraph 刻画出准备和响应阶段组织间协作的网络图，如图 3 和图 4 所示。可以发现，响应阶段网络中的组织节点要显著多于应急准备阶段，且部分应急组织在响应阶段形成了准备阶段所没有的新的联系。

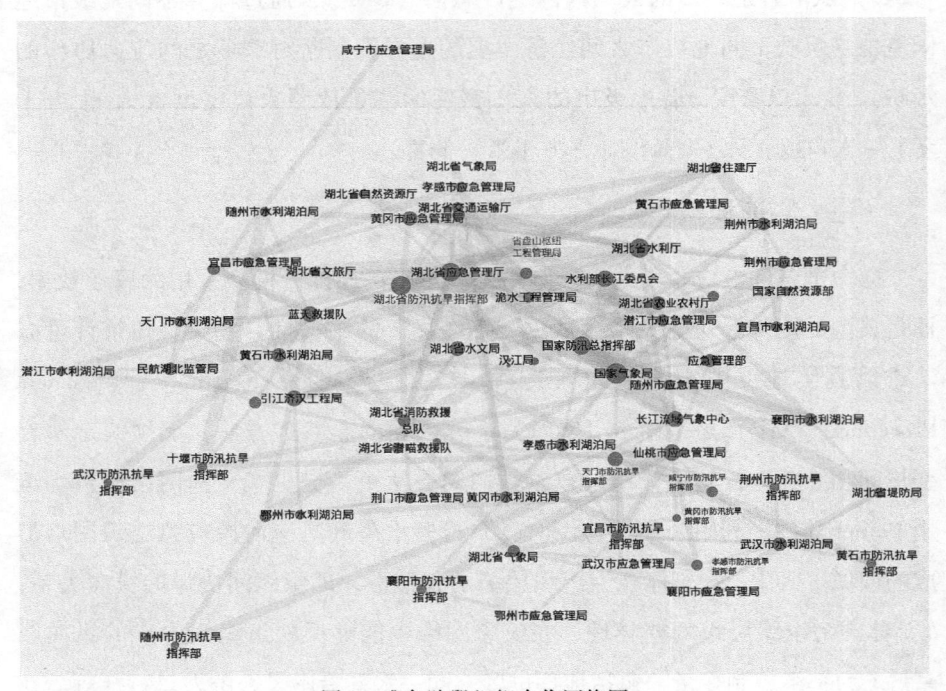

图 3 准备阶段组织合作网络图

表 1 展示了准备和响应阶段组织网络密度和关系数量的特征，通过对准备和响应阶段组织网络的描述性对比，我们能够发现不同阶段组织网络协作的特点。可以看出，响应阶段网络的密度远高于准备阶段组织网络的密度。准备阶段的横向联系略大于纵向联系的数量。而在响应阶段，组织间的纵向联

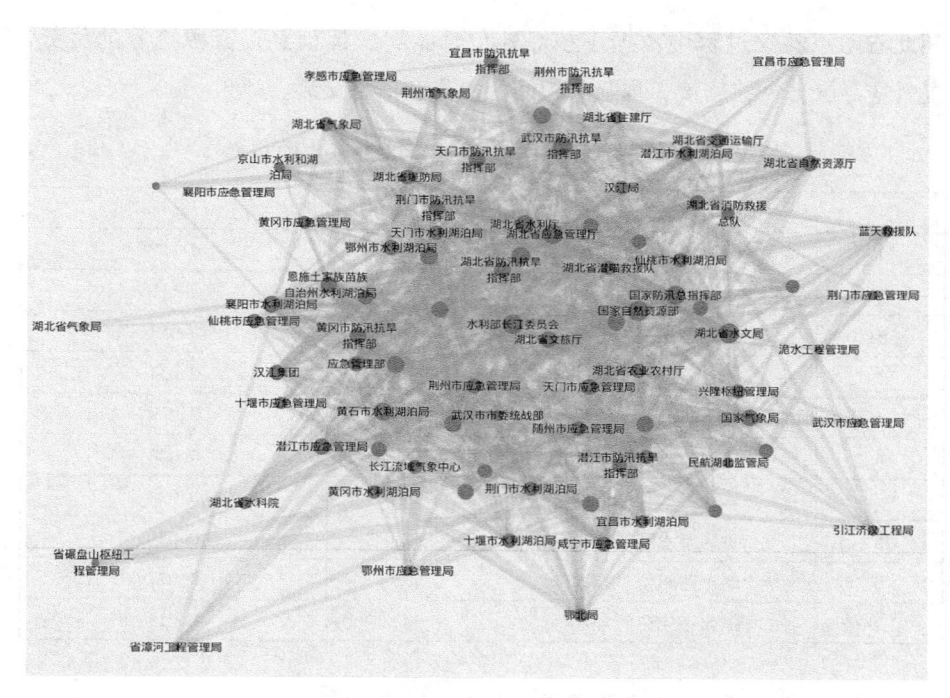

图 4 响应阶段组织合作网络图

系数量远远大于横向联系的数量，前者多于后者接近三倍的数量。这表明组织间协作模式呈现阶段性差异：在准备阶段，组织间的连线数较为稀疏，以地方政府组织横向联系为主；而在响应阶段，随着洪灾应对态势趋紧，较多的中央和省级部门参与到地方洪灾应急中，组织关系网络密度增高。

表 1 准备和响应阶段组织网络测度表

观测阶段	密度	横向关系数量	纵向关系数量	连线总数
准备阶段	0.322	167	98	280
响应阶段	0.935	185	532	783

表 2 和表 3 分别呈现了灾前准备和响应阶段度中心性（degree centrality）排名前十的组织，可以发现在应急准备阶段占据应急网络核心位置的前十个应急组织中，省级和中央应急部门有四个，总体度中心性不高。而在响应阶段，有六个省级和中央应急部门排名在度中心性前十，且中央和省级应急组织的度中心性远远高于其他地方应急组织。这表明，省级和中央应急组织在

湖北省防汛救灾过程中占据了核心地位,能够发挥信息、资源统筹的优势,提升应急合作网络密度,加强组织间的协作和信息交流。

表2 准备阶段组织度中心性排序前十的组织

序号	组织	Degree	nDegree
1	湖北省应急管理厅	68	0.117
2	湖北省水利厅	64	0.11
3	湖北省防汛抗旱指挥部	31	0.053
4	水利部(长江委)	20	0.034
5	黄冈市防汛抗旱指挥部	17	0.029
6	咸宁市防汛抗旱指挥部	15	0.026
7	咸宁市水利湖泊局	14	0.024
8	黄冈市水利湖泊局	12	0.021
9	十堰市防汛抗旱指挥部	12	0.021
10	荆州市应急管理局	11	0.019

表3 响应阶段组织度中心性排序前十的组织

序号	组织	Degree	nDegree
1	湖北省水利厅	156	0.226
2	湖北省防汛抗旱指挥部	127	0.184
3	湖北省应急管理厅	125	0.181
4	水利部(长江委)	83	0.12
5	应急管理部	63	0.084
6	武汉市防汛抗旱指挥部	55	0.08
7	武汉市水利湖泊局	53	0.077
8	国家防汛总指挥部	40	0.058
9	武汉市应急管理局	39	0.057
10	襄阳市水利湖泊局	34	0.049

为了进一步分析准备和响应阶段网络存在的结构性差异,以下通过独立样本T检验,验证应急组织在准备和响应两阶段网络位置中的差别。测算的指标包括程度中心性、亲近中心性以及中介中心性。程度中心性能够反映组织在网络中的核心程度,协作网络中,程度中心性越高,其在获取关键信息

方面就越具有优势。亲近中心性以某一组织同其他组织的距离远近为概念，计算组织节点的中心程度。亲近中心性高的行动者将拥有大量的粘结资本，可以快速从其他行动者那里获取关键信息和资源。中介中心性可以衡量在应急过程中的"桥接"作用，中介中心性越高的组织更有机会获得信息并控制信息流动。[40] 表4呈现了准备和响应阶段均值差检验的结果。结果显示，程度中心性和亲近中心性均未通过统计显著性检验，而响应阶段中央和省级应急组织的中介中心性比应急准备阶段的高1.064，且通过了显著性检验。说明在响应阶段，中央和省级应急组织在整个洪灾响应过程中发挥着重要的"桥接"作用，地方政府部门为了获取信息和资源，积极同上级政府部门合作，联结形成"桥接"型网络结构，对整个应急网络占据主导和控制作用。

表4 准备和响应阶段中心性均值差检验结果

指标	Mean diff	Std. errors
程度中心性（degree centrality）	0.235	0.343
亲近中心性（closeness centrality）	0.431	0.132
中介中心性（betweenness centrality）	1.064**	0.003

注：*、**和***分别表示在10%、5%和1%的显著性水平下通过检验，中介中心性仅计算中央和省级组织，亲近中心性仅计算地方组织。

（二）准备和响应阶段应急网络QAP分析

1. 准备阶段组织协作网络影响因素分析

QAP分析通过对矩阵的各个元素进行比较，以矩阵数据的置换为基础，给出矩阵之间的相关系数，同时对系数进行非参数检验。在进行QAP回归分析之前，先进行QAP相关分析筛选解释变量。表5给出了准备阶段解释变量和被解释变量的QAP相关分析结果，显示地理位置邻接性和同一水系沿岸这两个变量，与准备阶段组织协作网络的相关性不显著。这表明受行政属地划分和应急预案协同性较差等因素的影响，地理位置相邻的区域存在协作壁垒，缺乏稳定的协作机制。因此后续回归分析只包括横向联系、纵向联系、经济发展水平、人口密度这四个变量。

表5　准备阶段组织间协作网络 QAP 相关分析

变量名	相关系数	显著性水平
横向联系	0.312**	0.014
纵向联系	-0.224**	0.036
经济发展水平	0.005*	0.043
人口密度	-0.021**	0.051
地理位置	-0.115	0.198
同一水系沿岸	-0.115	0.215

注：*、** 和 *** 分别表示在10%、5%和1%的显著性水平下通过检验。

QAP 回归分析与相关分析的原理相同，估计结果如表6所示。在模型（1）中，只包括横向联系和纵向联系两个核心变量。模型（2）（3）在模型（1）的基础上依次添加控制变量。模型（1）结果显示，横向联系的系数为0.917，根据 P 值，在1%的显著性水平上，横向协作对组织协作矩阵具有显著的正向影响。纵向联系变量系数为负，但 P 值结果显示不显著。继而在模型（2）（3）中，依次添加控制变量，结果发现，依旧只有横向联系这一变量显著；控制变量方面，经济发展和人口密度变量不显著，地理位置以及河流水库位置关系同准备阶段组织协作网络的形成之间并没有关联性。因此，可以得出在准备阶段，以组织间的横向联系为主，其他因素在准备阶段对组织间协作关系无显著性影响。分析结果支持了研究假设 H1，与预先假设的结果一致，即在应急准备阶段呈现常规治理特征，以属地内部横向联系为主。

表6　准备阶段 QAP 回归分析结果

	模型1	模型2	模型3
截距项	1.747	1.611	1.755
横向联系	0.917***	0.991***	0.974***
纵向联系	-0.376	-0.202	-0.223
经济发展水平		0.006	0.035
人口密度			-0.051
R^2	0.105	0.137	0.138
N	280	280	280
Perms	2000	2000	2000

注：*、** 和 *** 分别表示在10%、5%和1%的显著性水平下通过检验。

虽然不同区域、不同部门都会设立应急预案,但各部门之间的预案缺乏协同且受属地管理壁垒的影响,应急准备的责任与功能分散于不同属地之中,从而导致应急准备的过程较为分散化,上级对下级属地政府的统合能力也较为有限。在我国政府层级架构中,若无上级部门的创制许可和纵向嵌入,下级政府部门在非应急状态下的有效合作较难持续,而应急时的高效合作,又需建基于常态时的长期磨合所形成的相互信任。在洪灾准备阶段,地方组织之间如果难以形成有序且稳定的合作,便不利于响应阶段组织之间灵活快速地协作以应对灾害。在整个救灾应急机制尺度上,虽然我国强调预防为主,注重发挥准备阶段组织之间的能动性,然而,无论是从应急预案的内容,还是从应急管理的实践来看,均高度重视救援与处置,对响应阶段投入大量资源。相对而言,预防和准备、预警和监测则十分不足。对应急准备阶段组织合作机制的刻画,需要参考实际响应过程中组织之间的协作特征,以此弥合两个阶段组织间协作存在的差距。

2. 响应阶段组织协作网络影响因素分析

响应阶段组织协作网络 QAP 分析和准备阶段的 QAP 分析过程相同,表 7 展示了应急响应阶段解释变量和被解释变量之间的 QAP 相关分析结果,表明地理位置邻接性这一变量与应急响应阶段组织协作网络的相关性不显著,因此后续 QAP 回归分析剔除地理位置这一变量,只包括横向联系、纵向联系等五个解释变量。

表 7 响应阶段组织间协作网络 QAP 相关分析

变量名	相关系数	显著性水平
横向联系	0.081**	0.02
纵向联系	0.142**	0.022
经济发展水平	0.606*	0.042
人口密度	0.572**	0.04
地理位置	−0.319	0.114
同一水系沿岸	0.113**	0.023

注:*、** 和 *** 分别表示在 10%、5% 和 1% 的显著性水平下通过检验。

表 8 展示了响应阶段 QAP 回归分析的结果：模型（1）只包括横向联系和纵向联系两个核心变量，依据 P 值，在 1% 的显著性水平上，纵向联系的系数为 0.304，显著为正，说明纵向行政干预对响应阶段组织协作网络的形成具有正向影响。模型（2）至（4）依次纳入控制变量，模型（3）中，横向联系、纵向联系、经济发展水平的系数分别为 1.118、1.814、0.261，且统计显著。说明在应急响应阶段，影响组织间协作的核心因素为政府间纵向关系，中央和省级政府部门与其他政府部门的纵向联系更为紧密，组织间横向联系和地区经济发展水平的相似性，也对应急组织间协作产生了一定正面影响。在模型（4）中纳入同一水系沿岸这一变量，发现水利工程和河流的邻接性，对响应阶段组织协作网络具有正向影响，这说明在应急响应阶段，省级和中央应急组织积极向地方派驻工作组，指导地方政府应对洪涝灾害，在上级政府的协调下，地方政府部门能够突破属地管理壁垒，依据河流、水库邻接性等影响应灾的现实性因素，形成响应阶段有效地组织间应急协作。这一结论也验证了研究假设 H2。

表 8 响应阶段 QAP 回归分析结果

	模型 1	模型 2	模型 3	模型 4
截距项	1.710	1.413	1.019	0.901
横向联系	0.735	1.0388**	1.118**	1.110**
纵向联系	0.304***	1.808***	1.814***	1.806***
经济发展水平		0.342***	0.261***	0.543***
人口密度			0.148	0.290
同一水系沿岸				0.271***
R^2	0.231	0.464	0.468	0.471
N	783	783	783	783
Perms	2000	2000	2000	2000

注：*、** 和 *** 分别表示在 10%、5% 和 1% 的显著性水平下通过检验。

与应急准备阶段的 QAP 回归分析结果相对比，可以发现在响应阶段的应急网络中，横向和纵向的联系对应急网络的形成都具有显著正向作用。中央和省级应急组织积极嵌入和下沉到地方组织的协作网络中。此外，同一水系沿岸这一变量显著，这也说明在响应阶段，在中央和省级应急部门的参与下，不同属地的应急部门依靠中央和省级政府部门的"桥接"作用，能够超越属地等行政边界的限制和"碎片化"的状态，依据应灾实际需求，形成协作网络，有效应对洪涝灾害。从洪灾应急准备和响应网络 QAP 分析的结果来看，两个阶段网络的结构存在显著差异，其在洪灾应急管理实践过程中表现为两个阶段的"割裂"，这也在一定程度上说明了在当前的应急管理体制下，对应急准备阶段行政资源投入和关注较少，应急准备工作缺乏科学性和有效性。应急准备阶段组织间的协作应当积极参考响应阶段组织协作的主要特征，避免出现应急准备工作浮于表面，不符合灾害响应实践的需求等问题。

五 结论与展望

灾害应急组织之间有效的协同与协作是国家应对自然灾害的重要基础。从应急管理体系改革的角度来看，持续推进应急管理体系与能力现代化是当前中国应急管理面临的重大任务。应急管理部的成立是基于众多应灾机构的职能的重构和有机整合，而灾害管理的全过程均衡则是机构整合的重要理论支撑。

洪涝灾害是典型的跨域自然灾害，其具有跨行政区分布、管辖边界相对模糊等特征，需要不同属地政府和部门形成具有高度适应性的网络结构进行应对。在应急准备阶段，地方政府部门所掌握的资源相对较少，基层灵活应对自然灾害的能力相对较低。加之在"属地管理""条块分割"等制度条件的约束下，地方政府与上级政府以及不同属地应急部门在信息、资源等方面交流协作存在困境，较难形成高效的跨域应急协作。而响应阶段，在应急机制下，中央和省级政府将应急工作临时列为工作重心。地方应急部门在上级政府的介入和驱动下，也将应急工作"中心化"，从而突破应急准备阶段"碎片化"的局限。

应急管理组织网络研究已得到了学界的广泛关注与认可，合作网络也被视为灾害应急响应中有效的组织模式和分析应灾组织合作关系的关键视角。

本文通过二次指派程序等社会网络分析方法，对2020年湖北省洪灾准备和响应阶段组织网络形成的影响因素进行比较分析，发现在应急准备和响应两个不同阶段的网络形成的主导逻辑之间存在明显差异。在应急准备阶段，应急管理中的常规治理机制发挥主要作用，应急组织受限于制度上的条块分割以及属地壁垒，组织间协作以属地内部横向联系为主，缺乏整体协同的高效能。地方政府和应急部门在信息、资源、责任等方面呈现分割的"碎片化"状态。这体现了我国当前应急管理机制存在的局限，即预防和准备、预警和监测的发展相对滞后，而且应急预案的编制和应急实践存在一定差距。在应急响应阶段，中央和省级应急部门积极参与地方政府应急救灾过程，进行自上而下的动员，推动组织、权力与责任的重构，在这一阶段相关组织能够克服属地管理权高度分散化带来的弊端，形成应灾组织间的"疏耦合"结构，从而提升应对突发事件的韧性。[41]

推动应急全过程均衡和提升灾害应对效能是我国应急管理体制改革的重要目的。在应急管理机构改革后，国家防汛应急总体预案和应急机构职责都进行了调整。已有研究表明，组织在危机事件发生前，也即准备阶段相互间的熟悉程度对危机事件发生后的沟通频率和沟通有效性有着显著影响[42]，而应急准备环节脱离应急响应实践也是我国当前应急管理存在的突出问题。如何提升应急准备工作的有效性，破解应急准备和响应环节的"割裂"以及不均衡问题，是应急管理体系改革的重要方向。在未来的洪灾应急管理实践和改革中，可以从以下几个方面进行优化与探索。

积极应对应急准备阶段的"碎片化"问题。应急管理"碎片化"一直是困扰我国灾害应对的重要问题，表现在信息资源分散、应灾主体协调困难等方面。在洪涝灾害准备阶段，相关应急部门往往忽视交流沟通和防汛演练，过于依赖响应阶段紧急情况下上级权威的嵌入。因此，为提升灾害应对的反应能力和效率，在应急准备阶段的常规治理机制下，可尝试积极吸取响应阶段组织间合作的模式与范式，重新审视纵向府际的权利关系，构建更有效率、更贴合我国应急管理实践的组织协作体系。省级和中央防汛应急部门在灾前应积极协同地方政府部门，做好灾前准备工作，形成跨层级、跨部门和跨区域的有效的协作网络体系,以便于预警信号发出后,能够及时向应急响应状态转化。

提升应急全过程的均衡水平。注重风险预防和减缓的过程,对其中的组织协调提供有力的制度保障,促进应急准备和其他响应机制之间的有效衔接。在实践中,应根据灾害演变的阶段性特征,精准施策,科学防范,强化应急管理部门各机构与各相关职能部门的联动,做好各阶段的应对工作。坚持常态化管理体制和应急体制相结合,树立"平战结合"的应急管理理念。对于灾前的演练等活动,要积极参考应急响应阶段组织间协作的难点,重点突破;对于风险的恢复和学习,也应提供有力的制度保障。着力扭转救援与处置发展超前,预防和准备、预警和监测发展滞后的局面,力图实现应急管理的全过程均衡。

改进应急预案,提升预案协同能力。洪涝灾害应急预案明确了防汛过程的应急指挥体系、预防和预警机制、应急响应以及善后工作等内容,是洪涝全过程应急管理的重要依据。针对实践中往往存在的"预案不预",以及不同层级政府预案中存在矛盾冲突的问题,应依据应急实践状况进行预案的重新评估和修订,对预案内容进行灵活调整。确保组织权责清晰,行动架构合理,符合应急管理过程不同阶段的现实需求。此外,在预案中也应形成整体性应急管理思维,确保在跨域水治理中形成有效的协同机制,补足洪灾应急协同能力不足这一短板。

既有研究大多局限于应灾网络的描述性分析,本文通过推断性网络研究方法对应急合作网络形成的影响因素进行了探索,以2020年湖北省洪涝灾害应对为例,运用QAP回归模型,对不同阶段应急组织协作网络生成逻辑进行比较分析。本研究的意义在于,在应急管理体制改革的背景下,以具体案例为例,基于应急管理"全过程均衡"视角,分析应急准备和响应阶段组织网络主导因素的差异,识别出两个阶段形成分割的基本因素,为应急管理体制改革提供了实证研究的支撑,并与相关理论进行对话。

本研究还存在一定局限。一方面,由于资料收集方面的限制,论文数据局限于政府官方新闻报道和政府公布的数据,缺乏更加全面的应灾合作数据和访谈资料等,在未来研究中将进行进一步的拓展;另一方面,本研究仅聚焦于政府组织网络,未对非政府组织等其他类型组织的网络关系展开研究,研究主体相对单一。我国水利相关部门正在积极进行跨界河湖联防联控制度研究,探索信息共享、联合巡河、监测及执法等联防联控工作中存在的改进空间。因此,后续研究中将尝试对此研究进一步深化,将组织网络研究的触角深入不同层次、不同类型的组织中,形成更丰富多元的网络结构,探讨政府和社会组织在应灾过程中的动态过程。

参考文献

[1] 张海波.中国应急预案体系:结构与功能[J].公共管理学报,2013,10(2):1-13+137.

[2] 高小平.整体性治理与应急管理:新的冲突与解决方案[J].公共管理与政策评论,2018,7(6):3-10.

[3] 张海波,童星.中国应急管理结构变化及其理论概化[J].中国社会科学,2015(3):58-84+206.

[4] 张海波.应急管理的全过程均衡:一个新议题[J].中国行政管理,2020(3):123-130.

[5] 邱瑞田.我国洪水干旱突发事件及应急管理[J].中国应急救援,2007(4):4-8.

[6] 佟金萍,黄晶,陈军飞.洪灾应急管理中的府际合作模式研究[J].河海大学学报(哲学社会科学版),2015,17(4):69-74+92.

[7] 陈科霖."应急管理碎片化"的成因及其消解——基于常规与应急两种治理机制的比较分析[J].广西师范大学学报(哲学社会科学版),2020,56(6):45-58.

[8] 童星,张海波.基于中国问题的灾害管理分析框架[J].中国社会科学,2010(1):132-146+223-224.

[9] 孔静静,韩传峰.应急组织合作的结构逻辑及运行机制——以2008年汶川地震应对为例[J].公共管理学报,2013,10(4):88-101+141-142.

[10] 康伟,杜蕾,曹太鑫.组织关系视角下的城市公共安全应急协同治理网络——基于"8·12天津港事件"的全网数据分析［J］.公共管理学报,2018,15(2):141-152+160.

[11] 郭雪松,黄纪心.灾害应对组织网络演化机制研究——以台风"利奇马"应对为例［J］.风险灾害危机研究,2020(1):128-150.

[12] 闫章荟,杨书文,王徽.灾害应对中的央地政府间组织网络研究［J］.广州大学学报(社会科学版),2019,18(2):43-53.

[13] 康伟,陈波.公共危机管理领域中的社会网络分析——现状、问题与研究方向［J］.公共管理学报,2013,10(4):114-124+142-143.

[14] 朱正威,吴佳.新时代中国应急管理:变革、挑战与研究议程［J］.公共管理与政策评论,2019(4):47-53.

[15] 李晓翔,刘春林.自然灾难管理中的跨组织合作——基于社会弱点的视角［J］.公共管理学报,2010,7(1):73-84+126-127.

[16] 朱光磊,王雪丽.超越税务:乌海联合办税对中国"府际关系"发展的启示［J］.北京行政学院学报,2010(6):1-6.

[17] 周雪光.国家治理逻辑与中国官僚体制:一个韦伯理论视角［J］.开放时代,2013(3):5-28.

[18] 陶鹏,童星.灾害社会科学:基于脆弱性视角的整合范式［J］.南京社会科学,2011(11):51-57.

[19] K. Jung. Quick Response Reports—Community Resiliency and Emergency Management Networks:Following the 2012 Korean Typhoons［R］. Natural Disaster Center, 2013. https：//hazards. colorado. edu/uploads/quick_report/jung_ 2013. pdf.

[20] 周凌一.纵向干预何以推动地方协作治理?——以长三角区域环境协作治理为例［J］.公共行政评论,2020,13(4):90-107+207-208.

[21] 陶鹏.中国应急管理纵向府际关系:转型、挑战及因应［J］.南京社会科学,2015(9):90-95+103.

[22] 沈大军,王浩,蒋云钟.流域管理机构:国际比较分析及对我国的建议［J］.自然资源学报,2004(1):86-95.

[23] M. Song, K. Jung. Filling the Gap between Disaster Preparedness and Response Networks of Urban Emergency Management：Following the 2013 Seoul Floods［J］. Journal of Emergency Management, 2015, 13 (4): 327-338.

[24] 王薇.跨域突发事件府际合作应急联动机制研究［J］.中国行政管理,

2016，12：113-117.

[25] 周雪光. 基层政府间的"共谋现象"——一个政府行为的制度逻辑[J]. 社会学研究，2008（6）：1-21+243.

[26] L. K. Comfort, W. L. Waugh, B. A. Cigler. Emergency Management Research and Practice in Public Administration: Emergence, Evolution, Expansion, and Future Directions [J]. Journal of Risk Disaster & Crisis Research, 2012, 72 (4): 539-547.

[27] W. G. Streib. Collaboration and Leadership for Effective Emergency Management [J]. Public Administration Review, 2006, 66: 131-140.

[28] O. C. Sang, R. S. Brower. When Practice Matters More Than Government Plans: A Network Analysis of Local Emergency Management [J]. Administration & Society, 2006, 37 (6): 651-678.

[29] M. Song. Does Having a Strong Commitment Matter in Building Sustainable Networks? [J]. Quality & Quantity, 2018, 52: 551-564.

[30] N. Kapucu, Q. Hu. Understanding Multiplexity of Collaborative Emergency Management Networks [J]. The American Review of Public Administration. 2016, 46 (4): 399-417.

[31] N. Kapucu, F. Demiroz. Measuring Performance for Collaborative Public Management Using Network Analysis Methods and Tools [J]. Public Performance & Management Review, 2011, 34 (4): 549-579.

[32] Y. Li, J. Huang. The Evolution of Collaborative Networks: A Social Network Analysis of Chinese Environmental Protection Policy [J]. Public Policy and Administration, 2021: 10.1177/09520767211034664.

[33] 郭雪松，朱正威. 跨域危机整体性治理中的组织协调问题研究——基于组织间网络视角[J]. 公共管理学报，2011，8（4）：50-60.

[34] 徐元善，金华. 跨界公共危机碎片化治理的困境与路径选择[J]. 理论探讨，2015（5）：31-34.

[35] 任敏. 我国流域公共治理的碎片化现象及成因分析[J]. 武汉大学学报（哲学社会科学版），2008，61（4）：580-584.

[36] 周伟. 地方政府间跨域治理碎片化：问题、根源与解决路径[J]. 行政论坛，2018（1）：74-80.

[37] 黄萃，吕立远. 文本分析方法在公共管理与公共政策研究中的应用[J]. 公共管理评论，2020（4）：20.

[38] 李敬，陈澍，万广华，付陈梅. 中国区域经济增长的空间关联及其解

释——基于网络分析方法 [J]. 经济研究, 2014, 49 (11): 4-16.
[39] M. Song, H. J. Park, K. Jung. Do Political Similarities Facilitate Interlocal Collaboration? [J]. Public Administration Review, 2018, 78 (2): 261-269.
[40] 罗家德. 社会网分析讲义（第二版）[M]. 北京: 社会科学文献出版社, 2010.
[41] 刘纪达, 麦强. 自然灾害应急协同: 以议事协调机构设立为视角的网络分析 [J]. 公共管理与政策评论, 2021, 10 (3): 54-64.
[42] K. Jung, M. Song, H. J. Park. The Dynamics of an Interorganizational Emergency Management Network: Interdependent and Independent Risk Hypotheses [J]. Public Administration Review, 2019, 79 (2): 225-235.

Disaster Preparedness and Response from the Perspective of Full Process Balance
—An Analysis on the Network of Flood Disaster Management

Li Zhichao　Li Zhimin　Liao Li

Abstract: China's flood disaster management has established a relatively sound emergency management system, but in the operation mechanism of emergency management, disaster preparedness and disaster response are still separated from each other. From the perspective of the full process balance of emergency management, this paper takes the flood disaster management of Hubei Province in 2020 as an example to describe the collaborative network of disaster preparedness and response. By using the QAP regression model, this paper makes a comparative analysis on the logic of cooperation network generation among emergency organizations in different stages. The results show that, firstly, the disaster preparedness stage is limited by the division of administrative territories, information, resources, etc., which leads to the fragmentation of emergency management, and it is mainly based on the horizontal cooperation within the territory, while the response stage is based on the administrative embeddedness of higher emergency departments, which can overcome the disadvantages of fragmentation of emergency management. Secondly, different from the foreign emergency management theory and practice, in our country, the vertical intervention of the superior government plays a more important role in the emergency management network. In the future emergency management reform, we should actively solve the problem of "fragmentation" in the disaster preparedness stage, promote the full process balance of emergency management, form a normalized trust and stable cooperation among organizations, and promote the continuous innovation of the national emergency management system.

Keywords: Emergency Management Network; Intergovernmental Cooperation; Full Process Management; Flood Disaster

企业火灾应急准备与影响因素研究

刘梦妹　庞　伟　韩自强*

摘　要：企业应急准备是企业风险管理和业务连续性运营的重要保障。目前关于企业应急准备和业务连续性运营的研究相对较少。本文以山东某地火灾风险较高的木业板材企业聚集地区为例，通过问卷调查的方式，分析了该地木业板材企业应急准备状况与影响因素。结果显示：（1）企业规模、政府指导监管活动对企业应急准备具有显著正向促进作用；（2）企业负责安全生产的管理者，以及一线工作人员、受教育程度较高的管理者对企业应急准备情况比较了解；（3）被访人的火灾经历、风险感知、政治面貌、性别、年龄和企业的收入状况、未来经营预期、企业位置模式、厂房所有权、产品销售范围等对自我报告的应急准备情况影响不显著。这对企业安全生产监管、促进企业开展应急准备活动具有一定的启示作用。

关键词：火灾　应急准备　监管　企业

---

*　刘梦妹，山东大学政治学与公共管理学院、风险治理与应急管理研究中心硕士研究生，研究方向为风险灾害管理、应急准备、韧性社区建设评估等；庞伟，费县应急管理局监察大队大队长，山东大学公共管理专业研究生，研究方向为危险化学品、工矿商贸安全监管，企业应急管理研究；韩自强，通讯作者，山东大学政治学与公共管理学院、风险治理与应急管理研究中心教授，研究方向为风险、灾难、危机与应急管理，风险感知与行为决策，综合校园安全。

一 引言

安全和发展是鸟之两翼、车之双轮，统筹发展和安全，建设更高水平的平安中国是新发展阶段和新发展格局的重大要求。企业是社会发展的关键，对国民经济发展至关重要。安全生产事故灾难是我国四大突发事件类型之一，也是应急管理部门日常管理工作的主要内容，而企业是生产安全和风险防范的主体与第一线。一些行业企业在生产、储存、使用、运输或附带过程中产生的物质易燃易爆，较易发生火灾事故，如若处置不及时，还可能会产生一系列的连锁反应。如2015年天津港"8·12"瑞海公司危险品仓库特别重大火灾爆炸事故，造成165人遇难，直接经济损失达68.66亿元[1]；2019年9月29日，浙江宁波锐奇日用品有限公司发生重大火灾事故，造成19人死亡，3人受伤，其中2人重伤、1人轻伤，过火总面积约1100平方米，直接经济损失约2380.4万元[2]。这一系列以火灾事故为代表的安全生产事故不但会给企业造成致命性的打击，而且会对社会发展、和谐稳定带来冲击。因此防范火灾隐患，对于一些火灾风险较大的企业和行业来说至关重要。但是目前关于企业火灾防范的研究较少，本文可以填补这方面的空白。

本文选取山东省F县为研究对象。山东F县为全国最大的人造板生产基地，年加工木材1500万立方米，板材加工企业已达7000余家。2015年规模以上木业企业实现产值298亿元，占全县规模以上工业总产值的44%，木业板材已成为该县的支柱产业。木业板材企业作为板材原料初加工以及木制品加工处理环节，由于其独特的刨锯、切割、砂光等工序，在生产过程中较易产生碎料、粉尘、木纤维等易燃易爆品，如遇到点火源极易发生火灾事故。2019年全年，该县木业行业因起火导致的消防出警案件达60余起，占该县全年火警出警总数的12%。如果企业主体事先采取了相应的应急准备，就能在第一时间保护自己的财产，减少灾害影响，并保证企业连续性运营，提高灾后生存的能力。[3]时跃亮等针对石油企业在预防准备阶段出现的问题，提出在准备阶段应重视应急预案的编制、应急队伍的组建、应急资源的配备以及应急培训和演练等[4]；刘景凯等认为，国有企业的应急管理体系和能力建设直接决定国有经济生产安全发展水平，对实现产业链完整、业务可持续运行乃至经济社会的稳定，发挥着非常重要的作用，但是石油石化企业应急准备能力不足，阻碍了应急管理体系和能力现代化[5]；杨安华通过对沃尔玛参与卡特里娜飓风应对的案例分析发现，平时有完善的应急管理体系与充分的应急准备工作，是沃尔玛在卡特里娜飓风中成功自救并减少损失的保证[6]；肖渝等通过对企业的大范围随机抽样发现，拥有一个应急计划并采取应急准备活动，对于企业减少物理损害具有重要作用[7]。除此之外，企业还能促进就业机会平等，帮助社区在灾难中迅速恢复。[8][9][10]

本文选择以火灾高发行业——木业板材企业为例，研究高风险特殊行业企业应急准备状况及影响因素，对丰富应急管理特别是应急准备理论具有重要意义，也对高危行业安全生产监管实践具有一定启示作用。

二 企业应急准备与影响因素

企业应急准备，或称为企业备灾，是指企业为了防范可能影响到企业生产经营或者雇员人身安全的各类突发事件而进行的各类准备活动，常包括制定突发事件应对预案、制定企业连续性运营方案、给企业员工开展各类逃生培训等。从应急管理角度来说，企业应急准备更多针对的是具有潜在物理威胁的自然灾害和安全事故，不包括企业各类危机公关或者形象塑造等内容。当前关于企业应急准备、企业连续性运营的研究相对较少。从全球研究来看，美国特拉华大学灾害研究中心在20世纪90年代曾经做过一些关于企业与灾害管理的大规模调查；2010年之后，德州农机大学减灾与灾后恢复研究中心的肖渝等做过一系列关于企业灾后恢复与管理的研究，哈里斯（Harries）在2021年对小企业关于自然灾害应急准备做了系统文献综述[11]，此外就少有关于企业灾害管理的系统性研究了。

企业应急准备活动可以看作企业为降低风险损失做出的一系列防护行为。本研究借鉴COM-B（Capability, Opportunity and Motivation-Behavior）模型，将影响企业应急准备活动的因素分类。COM-B 模型是一种行为影响的分类法，该模型提出行为是由能力、机会和动机之间的交互作用产生的。[12]能力被定义为一个人"从事相关活动的心理和生理能力"，包括参与必要思维过程的知识和心理能力以及参与必要身体过程所需的技能。机会是指"在个人之外使行为成为可能或促使行为发生"的所有因素，包括由环境提供的物质机会和影响人们如何看待事物的文化环境。动机既包括有意识的、分析性的决策，也包括习惯性的过程和情绪反应。每个组成部分都可以直接影响行为。在企业的能力层面的变量常包括企业规模、收入、所处行业、位置模式（全国连锁还是本地企业），还包括一些企业管理者特征，如性别、教育水平等；此外，少数文献提到了机会层面，如政府的提示或建议、灾害经历、企业所有权归属等；把动机层面的因素纳入考虑的文献数量是最少的，这些影响因素主要包括管理者的风险感知、效能感知等。[11]具体研究梳理如下。

（一）能力层面

能力层面的因素主要包括两部分：一部分是企业特征，包括企业规模、企业财务状况、位置模式；另一部分是企业管理者的人口统计学特征，如性别、教育水平等。

1. 企业规模

以往的研究中，企业规模被认为是影响企业开展应急准备的最重要的因素。[12][13]虽然文献中关于企业规模的测量有多种方式，如有的用企业雇员数量来衡量，有的采用企业机构设施数量来代表企业规模，但都得到了较为相同的结论，即企业规模能够正向影响企业应急准备。[14]之前的研究表明，企业规模是影响企业应急准备活动最强烈、最一致的因素。[15][16][17]本研究采用最通用的员工数量来衡量企业规模。

2. 财务状况

企业的财务状况作为企业应急准备的预测因素在以往的研究中是有争议的。一般来说，充足的资源、较好的财务状况，能够帮助企业进行应急准备，如果没有这些，将无法完成应急准备活动。小公司拥有比较少的现金储备，无法承担各种应急准备活动，比较容易受到灾害影响造成损失。[18]克兰特利（Quarantelli）通过研究发现，相比于较小的化学品生产公司，一些较富有的公司更加倾向于为以后的灾难做应急准备。[19]但是也有少部分与之相左的结论，韩自强和尼格（Nigg）通过对企业地震应急准备的研究发现，一家企业的财务状况越好，它为应对灾难所做的准备反而越少。[20]这可能是因为他们对自己的企业有一个比较积极的心理预期。

3. 企业位置模式

位置模式也是以往研究提到的影响企业应急准备的一个因素。拥有多个分部，或者属于大型连锁企业的公司会受到总部的指示或者政策文件要求，可能更倾向于做应急准备活动[21][22]，而一些小型的非连锁企业则可能较少进行应急准备。

4. 管理者人口统计特征

另外，以往研究中还会把一些企业管理者的人口统计学特征作为企业应急准备的影响因素，如性别、受教育程度以及种族因素等。[20][23]受教育程度越高的企业管理者，可能有更丰富的知识、更强的风险管控意识。据此，本文主要探究企业管理者受教育程度与企业应急准备活动之间的关系，同时将被访者的性别、年龄、职务等纳入其中作为控制变量。

根据以上梳理，针对能力层面主要提出以下假设：

假设1：企业规模与企业应急准备活动之间存在显著正相关关系。

假设2：企业财务状况与企业应急准备活动之间存在显著正相关关系。

假设3：连锁企业更倾向于做应急准备活动。

假设4：企业管理者的受教育程度越高，企业越可能开展应急准备活动。

（二）机会层面

1. 灾害经历

在机会层面的因素中最常被提到的就是企业的灾害经历，以往研究中关于灾害经历对企业应急准备的影响存在争议。部分研究表明，在灾难中遭受过损失的企业更加倾向于为以后可能出现的灾难做各种应急准备活动，尤其是那些遭受过"生命线"（如水、电等）损失的企业。[20]克鲁斯（Cruz）和斯坦伯格（Steinberg）通过研究发现遭受地震破坏的工业部门在地震后显著增加了防备活动[24]；但斯卡林奇（Scarinci）对土耳其小企业数据的分析表明，有过洪水经历的人开展小企业应急准备的可能性只有没有经历过洪水的人的五分之一[25]；美国北达科他州的调查则显示小企业的应急规划水平在洪水之前和之后并没有发生变化[26]。

2. 所有权类型

企业固定资产（建筑房屋等）所有权类型也可能是影响企业应急准备机会层面的因素。与租赁厂房的企业相比较，自身拥有厂房等不动产产权的企业可能有更强的动机开展应急准备活动，因为灾害对企业自身所拥有的厂房造成的冲击将带来更大的损失。[27]土耳其的研究发现，商业场所所有者开展地震应急准备的可能性是租户的1.8倍。[25]

3. 外部提示或建议

外部建议或指导是影响应急准备措施的一个机会层面的因素，在缺乏技术指导和没有确认他们有责任进行准备的情况下，企业可能不愿主动进行应急准备，或者不知道应急准备的存在。[28][29]本研究所选的F县，因当地木材企业高度密集，存在较大潜在风险，政府会时常指导和监管企业开展应急准备活动，这些活动可以帮助企业提高风险意识，加强风险管理，从而做出相应的应急准备活动。在F县，因管理疏漏等遭受过火灾的木材企业，还会受到相应的行政处罚，本文假设这类企业可能更倾向于开展应急准备活动。

综合上述梳理，在机会层面主要提出下面三个假设：

假设5：与租用厂房的企业相比，拥有厂房所有权的企业更可能开展应急准备活动。

假设6：有火灾经历或因火灾风险管理不到位受到过行政处罚的企业更倾向于开展应急准备活动。

假设7：政府指导监管活动与企业的应急准备活动之间存在正相关关系。

（三）动机因素

在企业应急准备影响因素中，风险感知是被研究最多的动机因素。风险感知的测量对象主要是雇员或者雇主。一般情况下会用研究对象认为风险发生的概率和风险发生以后的损失作为衡量风险感知的方法。一系列研究表明，决策者的风险感知与应急准备呈显著正相关。[20][21]但是也有部分研究显示，风险感知与应急准备之间并没有显著的关系。例如，萨迪克（Sadiq）对雇员和雇主的风险感知分别进行了测量，结果表明，风险感知与企业应急准备活动之间不存在显著相关关系。[23]但一般而言，企业管理人员风险感知水平较高，对风险则会更加警惕，更加重视，更倾向于为防范风险做准备，据此，本研究提出假设8。

假设8：企业管理者的风险感知水平正向预测企业应急准备活动。

三 研究方法

（一）数据收集

本次研究采用问卷调查的方法。F县是全国板材企业集中分布县，具有较大的火灾风险。按照国家统计局规模以上和规模以下的划分标准，该县共有规模以上企业475家，其中木材企业395家，占比82.1%；木材企业分布在13个乡镇街道，数量众多。在面向企业调查的时候，使用的是普查的方法，数据采集时间为2020年10月和11月。本研究通过见数（Credamo）平台向F县木材企业相关管理人员发放企业风险防范和应急准备状况调查网络问卷，共回收有效样本406份。

（二）变量及测量方法

企业应急准备活动（Enterprise Preparedness Activity，EPA）是本研究中要测量的因变量。以往研究的基本做法是将企业的应急准备活动列出一份清单，再让被访者回答企业是否采取了这项活动，如果回答"是"则标记为1，

"否"则标记为0。在参考了以往文献中对该变量的划分方法后[20][23]，本研究又结合当地的企业管理实践，提出19项应急准备活动（具体见表1），如企业是否有专用物资资金，是否开展应急演练、对员工的安全知识培训等。变量处理方法也借鉴了以往的文献，被访者针对某项活动回答"是"或"否"或"不清楚"，若回答"是"则编码记为1，"否"或者"不清楚"则记为0，最后对所有项目简单加总，计算企业应急准备活动的总得分，最高分为19，最低分为0。另外还对19项应急准备活动进行了信效度检验，P值小于0.05，KMO=0.784，符合统计学相关要求。

风险感知从企业管理者评估企业发生火灾风险的概率以及在火灾发生后可能遭受的损失两个维度来分别进行测量。企业规模则通过企业拥有的员工数量进行测量。企业财务状况利用企业去年经营的年收入和未来的收入预期两个维度衡量。企业位置模式主要分为三种，即"山东本地企业，只有这一家工厂""全国性企业，多地有分工厂或营销处"和"全球性企业，多个国家有分工厂或销售处"。厂房所有权类型主要分为"公司独自所有""与合伙人共同所有""合伙人所有""租赁"四种。企业的火灾经历通过二分变量"是"或"否"来测量。政府指导监管活动（Government Activity, GA）根据当地管理实践和政府安全监管部门相关规定，列出17条监管条目（具体见表2），如果政府针对企业开展了活动，则记为1，否则记为0，最后进行简单加总，作为政府指导监管活动的总得分。针对这些活动，进行了巴特利特球形检验和KMO检验，P值小于0.05，KMO值为0.927，均符合统计学要求。

表1 企业应急准备活动（N=406）

企业应急准备活动	Yes（%）	No（%）	Not clear（%）
1. 我企业已编制应急预案	96.3	3.2	0.5
2. 我企业已将风险划分等级，明确责任领导	97.8	1.7	0.5
3. 我企业已对火灾隐患开展排查/安全检查	99.3	0.7	0
4. 企业每年组织应急演练（比如防火、急救等）	97.8	1.5	0.7
5. 车间里张贴应急疏散路线指示图等应急疏散标识	95.6	3.9	0.5
6. 企业备有急救箱或应急工具箱	93.3	5.7	1.0

续表

企业应急准备活动	Yes（%）	No（%）	Not clear（%）
7. 企业设立专项事故应急资金	83.7	12.8	3.4
8. 企业设立专职安全管理机构，主要负责人、安全员经安全培训合格	97.0	2.5	0.5
9. 定期对员工培训应急处置知识，发放宣传资料（应急处置知识、上报呼叫救援程序等）	96.8	2.5	0.7
10. 企业有自备发电机应对突发断电	46.8	50.5	2.7
11. 企业储备足量消防水源	97.5	2.2	0.2
12. 企业购买了灾害保险（财产保险、安全生产责任保险等）	62.6	31.5	5.9
13. 企业经常修缮加固厂房	90.6	8.1	1.2
14. 车间除尘系统、储存设施、防爆设施等已更新（防护罩、锁气泄灰、火花探测器、防爆电器、智慧用电等）	96.8	2.7	0.5
15. 企业自购消防救援车辆以应对火灾事故	42.1	54.9	3.0
16. 企业配备专门消防救援队伍	53.4	43.6	3.0
17. 与相邻企业签订书面应急互助协议	54.4	36.5	9.1
18. 企业的消防救援力量外出参与其他企业火灾事故救援	45.3	48.3	6.4
19. 聘请安全/应急专家对我企业进行指导	82.3	14.0	3.7

表2 政府指导监管活动（N=406）

政府指导监管活动	Yes（%）	No（%）	Not clear（%）
1. 对厂房结构设计、配套安全设施进行统一规划或者技术指导	85.5	9.1	5.4
2. 定期对企业开展安全生产、应急救援等知识培训	98.5	0.7	0.7
3. 组织企业对火灾风险划分等级、分类管理	95.6	2.7	1.7
4. 要求企业升级、改造安全设施，用机械化替代人工操作，并提供技术指导、监督	87.9	9.1	3.0
5. 对企业安全设备升级，给予补贴或者税收优惠	52.7	24.1	23.2
6. 对企业购买消防救援车辆、救援器材，出台规范性标准	58.6	20.0	21.4
7. 对企业自购消防救援车辆、救援器材从税收、补贴、挂牌等提供优惠	47.5	26.4	26.1
8. 统计规划消防救援车辆，协调区域救援力量	63.5	17.2	19.2
9. 定期组织企业救援力量协同演练	80.8	9.4	9.9

续表

政府指导监管活动	Yes（%）	No（%）	Not clear（%）
10. 组织企业应急救援力量外出参加火灾事故救援	56.7	28.6	14.8
11. 出台规定鼓励企业成立救援互助合作社/社区式救援协会/地区专业救援队	61.1	19.2	19.7
12. 出台指导性文件明确社会性应急救援付费模式	37.2	29.1	33.7
13. 对社会救援力量参与社会救援给予补助	47.3	18.7	34.0
14. 出台指导性文件对社会救援力量的人员招聘、录入、培训、考核、工资、福利等进行规定	58.1	13.5	28.3
15. 制定社会救援力量联演联训规章制度	65.3	9.4	25.4
16. 政府对企业安全生产培训、应急救援演练、安全设备的使用、安全费用的投入等方面进行经常性执法检查	89.4	3.7	6.9
17. 经常性通过行政处罚手段推动企业火灾事故应急能力的提升	56.2	28.8	15.0

四　结果

（一）描述分析

研究借助 STATA 对问卷进行统计分析，描述统计结果保留一位小数。填写人基本信息包括性别、年龄段、职务、最高教育程度、政治面貌（详见表 3）。样本中男性 351 人，占 86.5%，女性 55 人，占 13.5%，这与企业的工作性质有关。年龄段主要集中在 31—50 周岁，占 70% 以上。问卷填写对象绝大多数是企业的法人或者主要负责人，占 64%，教育程度主要集中在专科及以下，政治面貌主要为群众，占比 86%，其次是中共党员（含预备），占比 13.1%。企业的基本信息描述统计结果（见表 4），企业员工数量大多在 100 人以下，占 90% 以上，企业位置模式以山东本地居多。企业的未来经营预期从"非常差"到"非常好"分为四个等级。管理人员的风险感知分为企业未来遭受火灾的概率、遭受火灾以后的影响，遭受火灾概率和可能的影响都是从低到高分为五个等级。80% 以上的被访者认为自身企业遭受火灾的概率较低或非常低，53.2% 的被访者认为，发生火灾会对企业有较大的影响。

表3 人口统计变量（N=406）

变量	目录	频率	百分比（%）
性别	男	351	86.5
	女	55	13.5
年龄段	30 岁及以下	60	14.7
	31—40 岁	189	46.6
	41—50 岁	117	28.8
	51 岁及以上	40	9.8
职务（无效样本1；n=405）	法人或者主要负责人	259	64.0
	生产厂长或经理	84	20.7
	安全部/科负责人	27	6.7
	安全部/科职员	12	3.0
	班组长、工序段长或普通员工	23	5.7
教育程度	初中（中专）及以下	149	36.7
	普高/中专/技校/职高	157	38.7
	专科	73	18.0
	本科及以上	27	6.6
政治面貌	群众	349	86.0
	中共党员（含预备）	53	13.1
	民主党派、政协或人大代表	4	1

表4 企业基本信息描述统计—频率表（N=406）

变量	目录	频率	百分比（%）
员工数量	50 人以下	244	60.1
	50—100 人	134	33.0
	100—200 人	16	3.9
	200—500 人	9	2.2
	500 以上	3	0.7
位置模式	山东本地企业，只有这一家工厂	361	88.9
	全国性企业，多地有分工厂或营销处	41	10.1
	全球性企业，多个国家有分工厂或销售处	4	1.0
厂房所有权	公司独自所有	284	70.0

续表

变量	目录	频率	百分比（%）
	与合伙人共同所有	14	3.4
	合伙人所有	5	1.2
	租赁	103	25.4
产品主要销往何处	国内	280	69.0
	国外	21	5.2
	两者都有	105	25.9
企业年营业收入	1000万元以下	177	43.6
	1000—2000万元	66	16.3
	2000—5000万元	90	22.2
	5000万元—1亿元	58	14.3
	1亿元以上	15	3.7
企业目前/未来5年的经营状况	可能破产，活不下去	5	1.2
	越来越差	18	4.4
	维持现状	141	34.7
	越来越好	242	59.6
近三年内火灾经历	否	401	98.8
	是	5	1.2
近三年内火灾受到行政处罚	否	403	99.3
	是	3	0.7
未来5年遭受火灾的概率	非常低	266	65.5
	较低	99	24.4
	说不清	39	9.6
	较高	2	0.5
火灾影响	没影响	15	3.7
	有点	47	11.6
	说不清	57	14.0
	有较大影响	216	53.2
	毁灭性的	71	17.5

（二）相关分析

在描述统计分析后又分析了自变量与因变量之间的相关关系（见文末附录），显著相关的结果用灰色进行了标记。结果显示，企业应急准备活动与企业员工数量、产品销地、未来五年的经营状况、政府指导监管活动之间存在正相关关系。也就是说，拥有员工数量越多、未来五年的经营预期越好、政府指导监管活动越多的企业越倾向于去做应急准备活动。相比较于产品只在本地销售的企业，产品销往国外或两者都有的企业更会去开展应急准备活动。其中应急准备活动与政府指导监管活动相关系数最大，为0.617。而企业的火灾经历及火灾行政处罚经历、近五年发生火灾的概率以及发生火灾后对企业的影响与应急准备活动之间呈现显著负相关，近三年有火灾经历、因火灾受到过行政处罚、近五年发生火灾概率越高、发生火灾以后造成影响越大的企业越不会去开展一些应急准备活动。这可能是由于这些企业前期因应急准备活动开展得不好，发生火灾造成不良影响，从而受到行政处罚，并且在日后的管理中，依旧没有对应急准备方面有所加强，形成了一个恶性循环。

企业人员的一些属性特征也与应急准备活动有一定的关系，企业人员年龄与企业应急准备活动呈现负相关关系，年龄越大的企业人员越不了解企业的应急准备活动。而性别、职务、受教育程度、政治面貌与企业应急准备活动之间呈现显著正相关关系。教育程度更高的企业人员对企业所做的应急准备活动了解更多。以上只是相关结果的表现，而职务、政治面貌上的差异还需要进一步的回归结果验证解释。

（三）回归分析

由于因变量为连续变量，本研究利用线性回归模型对自变量和因变量进行回归分析。回归结果如表5所示（括号中为类变量比较的基准组，如企业位置模式以山东本地企业为基准进行比较）。回归模型中有效样本405份，R^2为0.465，调整后的R^2为0.431，模型拟合度较好。

回归结果显示，在企业属性特征上，员工数量与企业应急准备活动呈显著正相关（$\beta=0.442$，$P<0.05$）。员工数量较多、规模较大的企业比员工数量

较少的小企业更倾向于开展应急准备活动，假设1得到验证。

此外，根据回归结果，职务、受教育程度不同的企业人员对企业应急准备活动的了解认知有显著差异。安全部或安全科负责人、普通员工比企业的法人或者主要负责人更加了解企业的应急准备活动。这是因为企业的法人和主要负责人是企业的控股人，一般负责企业的战略性活动，对企业安全应急准备等细节活动了解较少。而安全部或者安全科的负责人主要负责维护企业日常安全，因此对企业的应急准备活动了解较多，普通员工在企业基层，对企业应急准备的细节活动也可能有较多了解，比如企业是否进行应急演练活动和张贴疏散标志等。受教育程度越高（$\beta=0.296$，$P<0.05$）的管理者越倾向于开展企业应急准备活动。

政府指导监管活动与企业应急准备活动之间呈显著正相关关系（$\beta=0.339$，$P<0.01$），在一些情况下，因政府开展了较多的指导监管活动，企业则更倾向于开展一些应急准备活动。政府指导监管活动正向显著预测了企业的应急准备活动，假设7得到验证。

表5 企业应急准备活动回归结果

企业应急准备活动指数		
变量	β系数	标准差
员工数量	0.442**	(0.175)
位置模式（山东本地企业）		
全国性企业	0.0708	(0.393)
全球性企业	-0.480	(1.093)
厂房所有权（公司独自所有）		
与合伙人共同所有	0.251	(0.601)
合伙人所有	-1.574	(1.129)
租赁	-0.222	(0.251)
产品销往何处（国内）		
国外	-0.156	(0.494)
国内国外兼有	0.236	(0.253)
收入	-0.00505	(0.0994)

续表

变量	β系数	标准差
未来经营	0.221	(0.175)
年龄	−0.0547	(0.135)
性别		
男	−0.190	(0.355)
女	0.190	(0.355)
职务（法人或者主要负责人）		
生产厂长或经理	0.120	(0.280)
安全部/科负责人	0.959**	(0.447)
安全部/科职员	0.314	(0.662)
班组长、工序段长或普通员工	1.570***	(0.522)
教育程度	0.296**	(0.134)
政治面貌（群众）		
中共党员含预备	0.371	(0.335)
民主党派、政协或人大代表	0.469	(1.113)
火灾经历	−0.221	(1.553)
因火灾行政处罚经历	−3.058	(1.969)
发生火灾的概率	−0.0342	(0.166)
发生火灾影响	−0.115	(0.111)
政府监管和指导活动	0.339***	(0.0233)
常数	9.947***	(0.994)

注：N=405，R-squared=0.465，Adj R-squared=0.431；最左列括号内为基准组，最右列括号内为标准误差；*** $p<0.01$，** $p<0.05$，* $p<0.1$。

五　结论与讨论

本文通过对山东省 F 县木业板材聚集区域发放调查问卷，借助 COM-B 模型，探究了当地企业开展火灾应急准备的状况及影响因素。在能力层面，企业规模正向影响应急准备活动，员工数量越多、规模越大的企业开展应急准备活动越多，假设 1 得到支持。这也与以往研究中的结论高度一致。[14][15][16][17] 规模较大的组织可能拥有更正式的风险管理计划[30]，他们通常也有更多的资源和能力去开展应急准备活动（例如建立专门的风险管理部门等），还可能是因为他们在灾难事件中会遭受更多的损失，因此这些规模较大的企业更加有必要开展应急准备活动。除了企业规模，本研究还检验了能力层面中的企业财务状况、位置模式与企业管理者的一些人口统计学特征。假设2中企业的财务状况与应急准备活动之间的关系没有得到验证，与以往研究中企业财务状况正向或负向预测应急准备活动的结论不一致。[19][20] 但是本论文提供了财务状况另一个维度的测量，即除了测量企业的年经营收入，还可以让企业对未来五年的收入预期进行评价，在以后的研究中可以运用这些方法做进一步的拓展。假设3企业位置模式（是否是连锁企业）在本研究中与应急准备活动之间的关系不显著，与以往的一些研究不一致[21][22]，这可能是样本量差异所导致的，本研究中的样本大多是本地企业，其他类型企业样本数量较少，可能会对结果产生影响。假设4中，企业人员的职务与受教育程度使其对企业应急准备活动的了解也存在差异，性别与应急准备活动之间没有显著关联。受教育程度越高的企业管理者越倾向开展应急准备活动，假设4得到验证。被访者职务角色不同，对应急管理活动了解程度也不同，在以后的研究中细分不同层次的人员与应急准备活动之间的关系也是有必要的。

机会层面上，企业的厂房所有权类型在本研究中与企业应急准备活动之间的关系不显著，假设5没有得到验证。以往的研究结论认为场地归企业自身所有的企业相比租赁的会开展更多的应急准备活动。[20][27] 但在此次研究的回归模型中，系数均不显著。假设6中，企业的火灾经历和火灾行政处罚经历在本文中并没有显著影响，得到了和以前的研究不一致的结论。[20][24] 但是，与林德尔（Lindell）和佩里（Perry）在1998年的地震应急准备中的研究相一致，即先前的地震影响与风险减轻措施投入之间没有显著的关系。[31] 本样本中遭受过火灾和因火灾受到行政处罚的企业的样本量较小，预测可能有偏差。政府监管活动正向预测了企业的应急准备活动，政府指导监管活动开展较多的企业，应急准备活动就越多，假设7得到支持。政府指导监管活动会让企业的防范意识提高，在政府的指导下，企业对自身责任的认识更为清晰明确，对应急准备活动的内容更加了解，从而能够更顺利地开展应急准备活动。

在动机层面，风险感知水平与企业应急准备活动之间的关系不显著，本次调查中没有证据能够表明有风险感知对准备活动有影响，假设8没有验证。这与以往的一些研究一致，如萨迪克等在美国的调查发现风险感知与应急准备之间并没有显著关系，林德尔等的研究也表明风险感知与采取地震减缓措施投入之间没有关系。[23][32]但是，之前也有研究表明风险感知和应急准备之间存在显著正相关关系[15][27][33]，这一方面是因为风险感知的测量方法不同，另一方面也是由于资源可用性[34]，可用资源较多的组织比没有资源的组织更有可能从事实际的准备活动。需要注意的是，风险感知和应急准备之间的不显著关系并不一定意味着风险感知没有显著预测早期的应急准备活动，因为风险感知可能会随着时间的推移而变化，风险感知的时间变化也是以后研究中可以拓展的方向[35]。具体研究假设与验证汇总如表6所示。

表6 研究假设及结果

研究假设—能力	结果
假设1：企业规模与企业应急准备活动之间存在显著正相关关系	验证
假设2：企业财务状况与企业应急准备活动之间存在显著正相关关系	未验证
假设3：多站点连锁企业更倾向于做应急准备活动	未验证
假设4：企业管理者的受教育程度越高，企业越可能开展应急准备活动	验证
研究假设—机会	
假设5：与租用厂房的企业相比，拥有厂房所有权的企业更可能开展应急准备活动	未验证
假设6：有火灾经历或因火灾受到过行政处罚的企业更倾向于开展应急准备活动	未验证
假设7：政府指导监管活动与企业的应急准备活动之间存在正相关关系	验证
研究假设—动机	
假设8：企业管理者的风险感知水平正向预测企业应急准备活动	未验证

本研究的贡献主要有以下三点。首先，在以往文献研究梳理的基础上，本文不再局限于企业的能力因素，而是加入了机会因素——政府指导监管活动，这是以往研究较少发掘且在中国普遍存在的。现实中，政府活动对企业应急准备活动的开展具有重要作用。本研究中发现政府指导监管活动对企业

应急准备有显著的正向影响，这是文章最主要的贡献。这一结论对企业安全生产监管、促进企业开展应急准备活动具有一定的启示作用。我们可以通过政府活动来帮助企业认识到风险以及应急准备活动的存在，进而开展相关准备活动，从而使得企业更好地应对灾害并迅速恢复，统筹安全与发展。其次，以往的研究大多关注国外的企业，关注的灾害类型也大都集中在地震、飓风等自然灾害，本文则聚焦于国内事故灾难风险较高的木材企业，对特定风险的应急准备活动进行考察，有助于我们了解本国部分行业企业应急准备的现状。最后，在因变量企业应急准备活动与自变量政府指导监管活动的处理上，与当地企业人员、政府人员进行了大量的沟通，深入一线，结合文献与以往实践，列举了活动清单，构建了较为全面的应急准备活动与指导监管活动量表，具有现实意义，也为以后的研究提供参考与借鉴。

本次研究也存在一定的局限性，如采用截面数据只能得出相关结论而不能进行因果推断。研究所用的数据样本数量也较小，因此推断结论需谨慎。在因变量的处理上，本论文只是采取简单加总的方法，但在实际中，各项应急准备活动可能对于企业在降低风险、减少损失等方面的效果并不相同，在以后的研究中还可以对应急准备活动采用分类或赋予权重等不同的处理方式。

参考文献

［1］ 新华社. 天津港特别重大火灾爆炸事故调查报告公布［EB/OL］. http：//www.hinews.cn/news/system/2016/02/05/030123808.shtml，2016－2－5/2021－10－10.

［2］ 浙江省政府. 宁波锐奇日用品有限公司"9·29"重大火灾事故调查报告［EB/OL］. http：//www.safehoo.com/Case/Case/Blaze/202003/1595498.shtml，2020－3－10/2021－10－10.

［3］ M. K. Lindell，C. S. Prater. Assessing Community Impacts of Natural Disasters［J］. Natural Hazards Review，2003，4（4）：176－185.

[4] 时跃亮, 于朋玲, 于泉德等. 石化企业生产安全事故应急管理中预防和准备阶段的完善措施 [J]. 职业卫生与应急救援, 2021, 39 (3): 323-326.

[5] 刘景凯, 栾国华. 国有石油石化企业应急管理体系与能力建设对策——基于中国石油天然气集团有限公司的案例研究 [J]. 中国应急管理科学, 2020 (8): 60-67.

[6] 杨安华, 许珂玮. 风险社会企业如何参与灾害管理——基于沃尔玛公司参与应对卡崔娜飓风的分析 [J]. 吉首大学学报（社会科学版）, 2016, 37 (1): 82-90.

[7] 肖渝, Walter Gillis Peacock. 企业减灾应急准备行为真的能减少灾害损失吗?——关于企业灾害管理规划的重要性分析 [J]. 风险灾害危机研究, 2017 (3): 190-215.

[8] J. Adams, F. C. Hillier-Brown, H. J. Moore, et al. Searching and Synthesizing "Grey Literature" and "Grey Information" in Public Health: Critical Reflections on Three Case Studies [J]. Systematic Reviews, 2016, 5 (1): 1-11.

[9] R. J. Adams, P. Smart, A. S. Huff. Shades of Grey: Guidelines for Working with the Grey Literature in Systematic Reviews for Management and Organizational Studies [J]. International Journal of Management Reviews, 2017, 19 (4): 432-454.

[10] A. Atreya, J. Czajkowski, W. Botzen, et al. Adoption of Flood Preparedness Actions: A Household Level Study in Rural Communities in Tabasco, Mexico [J]. International Journal of Disaster Risk Reduction, 2017, 24: 428-438.

[11] T. Harries. Understanding Small Business Adaptation to Natural Hazards: A Critical Review [J]. International Journal of Disaster Risk Reduction, 2021, 63: 102403.

[12] S. Ackermann. Are Small Firms Important? Their Role and Impact [M]. Springer Science & Business Media, 2012.

[13] S. Michie, M. M. Van Stralen, R. West. The Behaviour Change Wheel: A New Method for Characterising and Designing Behaviour Change Interventions [J]. Implementation Science, 2011, 6 (1): 1-12.

[14] G. R. Webb, K. J. Tierney, J. M. Dahlhamer. Businesses and Disasters: Empirical Patterns and Unanswered Questions [J]. Natural Hazards

Review, 2000, 1 (2): 83-90.

[15] A. A. Sadiq. Digging Through Disaster Rubble in Search of the Determinants of Organizational Mitigation and Preparedness [J]. Risk, Hazards & Crisis in Public Policy, 2010, 1 (2): 33-62.

[16] A. A. Sadiq. Adoption of Hazard Adjustments by Large and Small Organizations: Who is Doing the Talking and Who is Doing the Walking? [J]. Risk, Hazards & Crisis in Public Policy, 2011, 2 (3): 1-17.

[17] 韩自强. 美国企业备灾活动模式与影响因素分析 [J]. 风险灾害危机研究, 2016 (1): 97-116.

[18] D. J. Alesch, C. Taylor, A. S. Ghanty, et al. Earthquake Risk Reduction and Small Business [M]. Monograph 5: Socioeconomic Impacts, 1993: 133-160.

[19] E. L. Quarantelli, C. Lawrence, K. Tierney, et al. Initial Findings from a Study of Socio-Behavioral Preparations and Planning for Acute Chemical Hazard Disasters [J]. Journal of Hazardous Materials, 1979, 3 (1): 77-90.

[20] Z. Han, J. Nigg. The Influences of Business and Decision makers' Characteristics on Disaster Preparedness—A Study on the 1989 Loma Prieta Earthquake [J]. International Journal of Disaster Risk Science, 2011, 2 (4): 22-31.

[21] R. W. Perry, M. K. Lindell. Earthquake Planning for Government Continuity [J]. Environmental Management, 1997, 21 (1): 89-96.

[22] T. E. Drabek. Anticipating Organizational Evacuations: Disaster Planning by Managers of Tourist-Oriented Private Firms [J]. International Journal of Mass Emergencies and Disasters, 1991, 9 (2): 219-245.

[23] A. A. Sadiq, J. D. Graham. Exploring the Predictors of Organizational Preparedness for Natural Disasters [J]. Risk Analysis, 2016, 36 (5): 1040-1053.

[24] A. M. Cruz, L. J. Steinberg. Industry Preparedness for Earthquakes and Earthquake-Triggered Hazmat Accidents in the 1999 Kocaeli Earthquake [J]. Earthquake Spectra, 2005, 21 (2): 285-303.

[25] C. A. Scarinci. Contingency Planning and Disaster Recovery after Hurricane Sandy [J]. The CPA Journal, 2014, 84 (6): 60.

[26] K. Tervo-Kankare. Entrepreneurship in Nature-Based Tourism under a

Changing Climate [J]. Current Issues in Tourism, 2019, 22 (11): 1380-1392.

[27] J. M. Dahlhamer, M. J. J. D'Souza. Determinants of Business Disaster Preparedness in Two U.S. Metropolitan Areas [J]. International Journal of Mass Emergencies and Disasters, 1997; 15: 265-281.

[28] A. M. van Valkengoed, L. Steg. Meta-Analyses of Factors Motivating Climate Change Adaptation Behavior [J]. Nature Climate Change, 2019, 9 (2): 158-163.

[29] US Small Business Administration. Summary of Size Standards by Industry Sector [J]. 2017.

[30] K. L. Fowler, N. D. Kling, M. D. Larson. Organizational Preparedness for Coping with a Major Crisis or Disaster [J]. Business & Society, 2007, 46 (1): 88-103.

[31] M. K. Lindell, R. W. Perry. Earthquake Impacts and Hazard Adjustment by Acutely Hazardous Materials Facilities Following the Northridge Earthquake [J]. Earthquake Spectra, 1998, 14 (2): 285-299.

[32] M. K. Lindell, D. J. Whitney. Correlates of Household Seismic Hazard Adjustment Adoption [J]. Risk Analysis, 2000, 20 (1): 13-26.

[33] R. Miceli, I. Sotgiu, M. Settanni. Disaster Preparedness and Perception of Flood Risk: A Study in an Alpine Valley in Italy [J]. Journal of Environmental Psychology, 2008, 28 (2): 164-173.

[34] N. Karanci. Facilitating Community Participation in Disaster Risk Management: Risk Perception and Preparedness Behaviours in Turkey [M]. Cities at Risk. Springer, Dordrecht, 2013: 93-108.

[35] N. D. Weinstein, M. Nicolich. Correct and Incorrect Interpretations of Correlations between Risk Perceptions and Risk Behaviors [J]. Health Psychology, 1993, 12 (3): 235.

附录 自变量因变量间的相关关系

变量	1	2	3	4	5	6	7	8	9	10	11	12	13	14	15	16	17
1. 员工数量	1.000																
2. 位置模式	0.218***	1.000															
3. 所有权	-0.008	0.095*	1.000														
4. 产品错处	0.146***	0.033	0.038	1.000													
5. 收入	0.461***	0.124**	-0.024	0.191***	1.000												
6. 未来经营	0.124**	0.067	-0.046	-0.017	0.090*	1.000											
7. 年龄段	0.015	-0.054	0.060	-0.023	0.019	-0.019	1.000										
8. 性别	0.002	0.028	0.038	0.006	-0.064	0.034	-0.073	1.000									
9. 职务	0.112**	0.092*	0.027	0.068	0.024	-0.045	-0.173***	0.385***	1.000								
10. 教育	0.174***	0.051	0.019	0.190***	0.235***	0.092**	-0.189***	0.040	0.144***	1.000							
11. 政治	0.131***	0.030	-0.059	-0.027	0.051	0.008	0.026	-0.042	0.021	0.252***	1.000						
12. 火灾	0.135***	0.025	-0.019	0.004	0.056	0.082*	0.061	-0.044	0.015	0.081*	-0.044	1.000					
13. 处罚	0.174***	0.052	0.012	-0.023	0.034	0.064	0.068	-0.034	0.001	0.005	-0.034	0.773***	1.000				
14. 概率	0.017	-0.021	0.038	-0.038	-0.010	-0.227***	-0.101**	0.076	0.006	0.052	0.052	-0.041	-0.015	1.000			
15. 影响	-0.079	-0.041	0.087*	-0.067	-0.062	-0.122**	0.041	-0.022	-0.050	-0.116***	-0.065	-0.165***	-0.116***	0.176***	1.000		
16. GA	-0.036	-0.087*	0.016	0.024	-0.077	0.088*	-0.163***	0.021	0.024	0.060	0.009	-0.117***	-0.080*	-0.168***	-0.094*	1.000	
17. EPA	0.115*	-0.030	-0.039	0.086*	0.033	0.122***	-0.169***	0.103***	0.190***	0.177***	0.090*	-0.122***	-0.127***	-0.107**	-0.120**	0.617***	1.000

*** $p<0.01$, ** $p<0.05$, * $p<0.1$

注：灰色表示相关结果显著。

Fire Disaster Preparedness and Influencing Factors Among Wood Industry

Liu Mengmei   Pang Wei   Han Ziqiang

Abstract: Disaster preparedness is important for business continuity, however, there is relatively little research about disaster preparedness and business continuity in private sectors from China. The disaster preparedness status and influencing factors in wood industry, which is a sector with high risk of fire, were analyzed using the questionnaire survey method. The results demonstrated that the size of an enterprise and the government's risk regulation activities are positive predictors of business preparedness. Production safety managers and the front-line workers, as well as the managers with a higher level of education are more familiar with the disaster preparedness activities. The fire experience, risk perception of the respondents, their political status, gender, age, and enterprise income, future operating expectations, location patterns, ownership of the real estate, either local or global franchise have no significant impact on the self-reported disaster preparedness. This study can enrich the disaster preparedness studies in business sectors, and can also provide insights for safety regulations.

Keywords: Fire Disaster; Preparedness; Risk Regulation; Business

公共安全与大数据研究

韧性理念嵌入城市公共安全风险治理的逻辑与机制
——基于广州市实践的思考*

何兰萍　曹慧媛**

摘　要： 现代城市面临日益严峻的复合型灾害风险。将韧性理念嵌入城市公共安全治理，是新形势下提升风险应对能力的实践选择。本文在理论层面构建了基于韧性理念的城市公共安全风险治理逻辑框架，从制度、工程、环境、技术、组织和社会六大维度进行解构。在实践层面，以广州市为案例，分析韧性理念嵌入城市公共安全风险治理的运作机制。广州市以安全发展示范城市创建为契机，打造了"城市规划—城市更新—城市体检"的常态治理和"信息建设—实战演练—全民参与"的应急管理两大模式。后疫情时代，我国城市发展应采纳复合维度的韧性优化策略，构建常态与应急相结合的公共安全风险治理体系，提升城市可持续发展能力和治理现代化水平。

关键词： 韧性　城市公共安全　风险治理　治理现代化

---

* 基金项目：本研究受天津市哲学社会科学规划重点项目"建设韧性社区提升治理能力现代化研究"（TJGL20—025）资助。
** 何兰萍，博士，天津大学管理与经济学部公共管理学院副教授；曹慧媛，天津大学管理与经济学部公共管理学院硕士研究生。

20世纪以来，人类开始对现代社会中的风险进行深刻反思。风险社会是对于现代化的一种总体性诊断，具有失序性、叠加性、系统性和全球性的特点。[1]2020年爆发的公共卫生事件揭示了高速城市化带来的现代化风险，迅速演化为蔓延全球政治、经济和社会各方面的一场跨界危机，成为对治理体系和治理能力的一次大考。习近平总书记在中央政法工作会议上指出，加快推进社会治理现代化，努力建设更高水平的平安中国。为此，"十四五"规划纲要已经将"韧性城市"上升为顶层设计。

城市公共安全风险治理在推进国家治理体系和治理能力现代化之中具有重要战略地位。城市的公共安全风险通常是对城市公共场域内人类社会可能遭受的各种现实或潜在的威胁、伤害和破坏力的总称。[2]城市公共安全风险治理就是政府与其他治理主体为了确保城市系统安全运转，有组织、有计划地对威胁城市公共安全的灾害风险进行预防、应对和解决的一系列动态过程。[3]城市公共安全不仅关系到民生健康和社会稳定，而且关系到平安中国的建设。将韧性理念嵌入城市公共安全风险治理，提升城市安全发展的质量和水平，已经成为理论界和实务界的共识。

一　韧性理念嵌入城市公共安全风险治理的必要性

20世纪，韧性概念被引入社会科学领域。自21世纪以来，这一概念已广泛应用于城市管理，尤其是城市防灾减灾、城市规划和应急管理。当前，我国全面推进城市公共安全风险治理，统筹发展和安全。韧性理念的引入，为现代城市回应复合型灾害风险挑战提供了新面向。具体而言，主要是基于以下三方面的考虑。

（一）应对现代风险社会的必然要求

20世纪80年代以来，人类社会进入高度不确定和高度复杂的"全球风险社会"时代[4]，城市面临的各类风险和危机事件更是层出不穷。由于城市系统的规模效应和高度密集性，现代风险灾害呈现出鲜明的复合型和关联性特征，演化机制更加复杂，所造成的负面后果也更加严重和深远，极易诱发大规模公共危机。传统的灾害风险与应急管理模式已经无法应对新形势下的灾害。对此，有必要引入韧性理念，以推动理论研究与城市减灾实践在复合型灾害治理问题上的有效对话。[5]富有韧性的治理过程应当是兼具常态与非常态的，只有处理好二者的转化与衔接，才能在突发事件到来时保持经济社会的稳定。

（二）提升城市治理水平的现实指向

习近平总书记在 2020 年 3 月赴武汉考察疫情防控工作时指出，要着力完善城市治理体系和城乡基层治理体系，树立"全周期管理"意识，努力探索超大城市现代化治理的新路子。"全周期管理"强调构建多元主体的有效联动机制和整体性治理模式，并实现了治理理念从截面到过程、从静态到动态的拓展。[6]从这一意义上，韧性理念在内涵、主体上与城市治理现代化之间具有高度的兼容性和契合性[7]，强调风险治理主体的多元化，覆盖了"事前、事中、事后"的整个周期[8]。因此，将韧性治理的思维方式和政策理念内嵌于城市公共安全风险治理之中，为城市提升治理现代化水平和可持续发展能力提供了重要思路。

（三）韧性城市应灾防灾的实践推动

由于韧性内涵与城市安全发展所需要的能力不谋而合，基于韧性理念的城市建设已经成为全球关注的焦点。自 2005 年《兵库行动框架》提出通过韧性城市建设提高城市应对自然灾害的理念后，国际机构以及一些发达国家的城市政府便开展了一系列有益尝试。近年来，韧性理念在我国城市规划建设管理中也逐渐得到应用，韧性建设实践正在涌现。北京、上海、广州、成都和雄安新区等城市及地区均将韧性城市建设作为城市规划的重要内容，以增强城市应对灾害的能力。"十四五"规划纲要明确提出建设"韧性城市"，防范化解各类风险，全面提高公共安全保障能力，突出了城市安全发展在党和国家发展全局中的战略地位。

二 韧性理念嵌入城市公共安全风险治理的理论逻辑

韧性理念嵌入城市公共安全治理，既是回应现实社会的必然需求，也是提升国家治理能力的应有之义。本文在梳理已有文献的基础上，从理论上分析韧性的内涵、特征和维度，进而阐释基于韧性理念的城市公共安全风险治理的整体逻辑。

（一）韧性的内涵、特征与维度

目前，关于城市韧性的内涵并未达成共识，学者们多基于生态学、社会学、灾害学、城市规划学等学科视角对其进行了阐释。目前较受认可的是灾害学视角下的定义，即城市韧性是城市系统在应对各种自然和人为灾害时所展现出的正常运行和有效恢复能力。[10]近年来，我国公共行政与公共管理领域对城市韧性的关注度逐渐提高。我国经历了快速城市化进程，制度性风险增加、风险分布不均、风险后果严重，转型期的风险特征对当代城市安全治理提出挑战。[11]韧性理念为增强城市对于复合型风险灾害的适应能力提供了重要思路。从短期来看，韧性表现为城市遭受冲击时能够维持基本功能、有效缓解风险和快速恢复[12]；从长期来看，韧性还蕴含了组织学习能力提升和系统动态演进的特质[5][13]，最终目标是实现城市与风险的共存。

富有韧性的城市表现出一些基本特征，包括城市系统的多功能性、城市设施的冗余性、生态和社会的多样性、具有适应性的城市规划和充足的社会资本。[14][15]布鲁尼奥（Bruneau）等构建了社区韧性的"4R"框架，即稳健性（robustness）、快速性（rapidity）、冗余性（redundancy）和机智性（reourcefulness）[16]，这一框架得到了后续研究的广泛应用[17][18]。其中稳健性是指系统中关键功能在危机面前保持正常运行；快速性是指系统在中断后尽可能高效地恢复运行的能力；冗余性是指城市在基础设施建设中必须要预留出可替代、并列使用和可自我修补的冗余量[19]；机智性是指城市系统的各类主体在外部变化时能够表现出适应、学习、成长等方面的能力，进行主动学习和获得经验。因此,高韧性的城市对于外部不确定性扰动的适应和调适能力更强,会遭受较小的损失,快速恢复正常。

城市韧性在城市系统的各个维度具有不同的表现。任何一个系统维度上的脆弱性都会影响城市的整体韧性能力。[20]诸多学者试图从复合维度来解构城市韧性。大多数研究将经济、制度、基础设施、生态环境作为城市韧性的基本维度[21][22][23][24],也有研究关注到城市的信息技术和通信水平[25]。不同于传统工程视角对于物理层面的讨论,公共管理视角下的韧性城市建设还对组织学习、政社关系、社会资本、合作治理等议题给予了高度关注。[26][27]地方政府部门在城市公共安全治理中占核心地位,应从准备力、感知力、行动力和学习力四个方面提升地方政府的韧性能力[28],其中危机学习机制的构建是危机常态化下推进应急管理体系和治理能力现代化的重要举措[29]。同时,在治理重心下移的背景之下,应关注基层社区的重要地位,着重增强基层社区应急设施的冗余性和抗逆力,提升应急治理的自组织力和智能化精细化水平,明确应急治理的属地责任。[30]有学者指出,后疫情时代,应打造具有自发性、自适性、主动性的韧性治理模式,从政府、社会、公民和环境四个维度进行韧性建构,从而有效应对风险社会的挑战。[31]

总之,上述关于城市韧性的文献为本文的展开奠定了重要基础。但同时也应注意到,已有文献大多是在理论层面对城市韧性的内涵、特征、治理策略等进行讨论,而较少涉及国内城市建设实践案例的实证分析;此外,目前少有研究能够结合我国城市公共安全治理提出系统的韧性维度框架,对当前复合型风险形势下韧性城市建设路径进行深入研究。这正是本文拟解决的问题。

(二)韧性嵌入的逻辑阐释

本文试图将韧性理论范式引入城市公共安全治理体系(见图1)。现代城市面临着自然灾害、事故灾难、公共卫生、社会安全等多种公共安全风险的冲击和威胁。而城市的集聚性、规模性、流动性等属性更加剧了其面对风险灾害时的脆弱性。面对复合型风险的冲击,需要将韧性理念引入城市公共安全治理之中。借鉴既往研究成果，结合本研究目的，本文提出治理现代化背景下的城市韧性应体现为6大维度：制度韧性、工程韧性、环境韧性、技术韧性、组织韧性和社会韧性。每个维度又表现出相应的韧性特征，即学习力、冗余性、适应力、智慧性、协同性、凝聚力。城市韧性的塑造不仅要依靠建筑房屋、"生命线工程"等有形的硬件设施抵御外界干扰，还需要救灾体制、社会资本、智能化管理能力等无形的软件设施发挥作用，帮助社会积极应对灾害和分配调动资源。[32]通过协调所有的城市子系统，使其相互连接高效协作，才能够降低城市暴露于风险之下的脆弱性，全面提高城市的韧性综合能力。利用制度、工程、环境、技术、组织和社会等维度上的韧性优化策略，使得城市系统能够承受风险干扰并维持基本功能和运行，达到城市安全可持续发展的最终目标。

具体而言，制度韧性与政府应对城市慢性风险和急性灾害冲击的政策与策略相关，包括城市规划、应急制度等，并且强调城市具备适应、学习、成长等方面的能力，能够主动学习和获得经验，调整和优化自身结构与功能。[33]工程韧性是指城市"生命线工程"和住房等基础设施具有一定的抗逆能力与冗余度，个人和组织在危机时期能够找到其他可替代的方法，从而在经历冲击后仍能够维持正常运转，提供基本公共服务。[34]环境韧性是指在应对自然灾害时的抵抗和适应能力，同时也考察城市系统的风险暴露程度和自然资源的

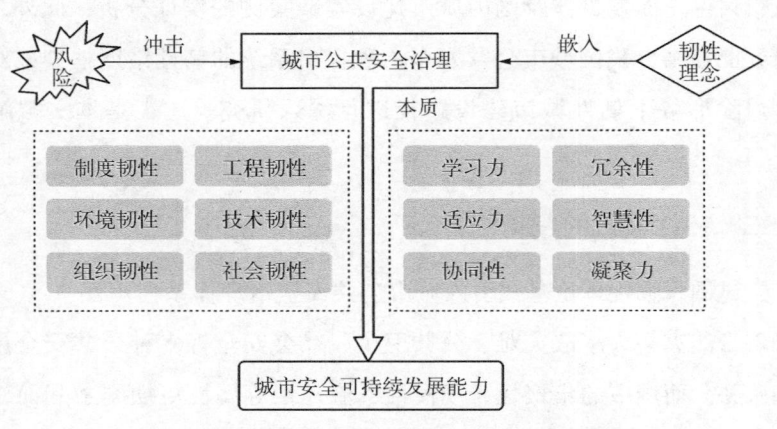

图1 韧性理念嵌入城市公共安全风险治理的逻辑

可持续性。[35]技术韧性是指大数据、区块链、云计算等信息技术在政府治理、防灾减灾中发挥的效用,以及信息的互联互通和智能处理水平。[36]组织韧性是指城市在应对突发危机时,政府部门打破行政壁垒,市民、社会组织、新闻媒体等能够与政府部门相互配合形成合力,构建多元主体的协同治理体系。[37]社会韧性主要聚焦于基层社会层面,通过发展志愿服务、教育宣传活动、信息技术运用等,培育社会关系、社会规范、社会文化等社会资本,提高城市社区的稳定团结,增强基层风险防御和危机应对能力。[38]这六大维度所构成的韧性系统是提升城市治理韧性能力的重要内容。

三 广州市公共安全风险治理的实践探索

(一)案例选取

城市在国家治理体系中发挥着承上启下的枢纽作用,具备贯彻落实国家意志和归集解决基层难题的战略地位,是国家治理和社会和谐稳定的关键基石。我国城市的风险防控思路经历了从刚性管制、弹性管理到韧性治理的转变。[39]2013年1月,国务院安委办下发《关于开展安全发展示范城市创建工作的指导意见》,这一时期地方层面的城市建设重点关注安全生产状况,缺少风险防控和安全保障的相关内容。[40]2018年以来,国家出台了一系列推动城市安全建设的纲领性文件(见表1),各城市逐步将更多的安全发展范畴纳入城市建设目标之中,在中央指导下推进城市规划、城市体检和城市更新工作,同时立足于本地实际情况,探索城市韧性治理路径。

表1 国家推进城市安全发展的相关文件

文件	发布时间	发布单位	主要内容
关于推进城市安全发展的意见	2018.1	中共中央、国务院	提出城市安全发展五项工作:加强城市安全源头治理、健全城市安全防控机制、提升城市安全监管效能、强化城市安全保障能力、加强统筹推动。

续表

文件	发布时间	发布单位	主要内容
关于建立国土空间规划体系并监督实施的若干意见	2019.5	中共中央、国务院	建立国土空间规划定期评估制度，依托国土空间信息平台，建立动态监测评估预警和实施监管机制。
国家安全发展示范城市评价与管理办法	2019.11	国务院安委会办公室	对创建过程中的基本条件、城市自评、省级复核、国家评议、复核、监督管理等内容进行说明。
国家安全发展示范城市评价细则（2019版）	2019.11	国务院安委会办公室	从城市安全源头治理、风险防控、监督管理、保障能力、应急救援、安全状况构建三级指标评价体系。
关于支持开展2020年城市体检工作的函	2020.6	住房和城乡建设部	试点城市按照《2020年城市体检工作方案》，结合防疫情补短板扩内需调研工作，组织开展城市体检。
中共中央关于制定国民经济和社会发展第十四个五年规划和二〇三五年远景目标的建议	2021.3	全国人民代表大会	统筹城市规划建设管理，实施城市更新行动，推动城市空间结构优化和品质提升。
关于开展2021年城市体检工作的通知	2021.4	住房和城乡建设部	围绕城市体检指标体系，采取城市自体检、第三方体检和社会满意度调查相结合的方式开展。
国土空间规划城市体检评估规程	2021.6	自然资源部	从安全、创新、协调、绿色、开放、共享6个维度设置指标，其中包含33项基本指标和89项推荐指标。

本文选取广州市的城市公共安全风险治理实践作为分析案例，是基于以下考虑。首先，广州作为常住人口超1800万的超大城市，地处"两个前沿"，置身"两个窗口"，是我国高速城市化的一个缩影，然而，经济体量越大，生产活动越频繁，"大城市病"引发的各类复杂社会风险也随之增加，城市安全面临严峻挑战（见表2①）。其次，广州一直以来将城市安全作为城市发展的重要工作，近年来争创安全发展示范城市，自主探索韧性建设，应对城市风险，走出了一条具有自身特色的发展道路，其经验做法具有政策扩散的实践价值。最后，考虑到资料的可得性，政府网站、新闻报道等公开渠道对广州市城市治理政策与实践都有较为充分的报道。

---

① 根据《广州市应急管理第十四个五年规划（2021—2025年）》整理而得。

表2 广州市公共安全风险

公共安全风险	风险来源	风险表现
自然灾害风险	地处亚热带和沿海区域,河网交错,降水量集中。 北部易受山洪威胁,中部易发生内涝,中南部易受热带气旋、风暴潮袭击。	地面塌陷、森林火灾、洪涝、山体滑坡、地震等各类极端天气、气候、地质灾害事故多发易发。
日常运行风险	基础设施和建设项目密度大,经济社会资产和活动高度集中。 拥有1个化工园区,2900家危化企业;城市轨道、陆路、航运交通网络复杂,流量巨大。	化工、交通、建筑、消防等行业领域安全风险居高不下。
新兴增量风险	新兴产业发展、原材料需求上升、畅通国内大循环关键基础设施、加大城市更新改造等新发展格局不断构建。	新产业、新业态、新领域安全风险不断涌现,各类风险的跨界性、关联性、穿透性和放大性显著增强,极易引发连锁性风险。

(二)广州实践

2013年,国务院安委办公布首批10个全国安全发展示范试点城市,广州市便是其中之一。自此,广州市将"创建国家安全发展示范城市"作为城市建设目标进行推进。2018年以来,广州市对照国家层面的新标准、新要求,开启了新一轮的安全发展示范城市创建工作。表3总结了广州市推进城市韧性建设的重要政策文件。借助创建安全发展示范城市的契机,广州市在城市安全治理领域大胆探索创新,主要体现为以下六个方面。

表3 广州市推进城市安全发展的相关文件

文件	发布时间	发布单位	主要内容
关于创建建筑施工安全发展示范城市工作方案	2013.3	广州市城乡建设委员会	推进企业安全生产标准化和项目监管规范化建设,提高人员安全素质,建立安全生产长效机制,实现建筑施工工地安全发展。
广州市安全生产第十三个五年规划(2016—2020年)	2016.12	广州市人民政府	对全市安全生产工作进行整体部署规划,提升安全生产整体水平,符合安全发展示范城市建设的要求。

续表

文件	发布时间	发布单位	主要内容
广州市价值创新园区建设三年行动方案（2018—2020年）	2018.6	广州市人民政府	在社区建设中打造居住（Residence）、研发（Research）、休闲（Recreation）和韧性建设策略（Resilience）于一体的"4R社区"模式。
广州市深入推进城市更新工作实施细则	2019.4	广州市人民政府	提出坚持规划统领、动态调整三旧改造数据库、推进旧村全面改造、推进城市更新微改造、加大项目支持力度等细则。
广州市国土空间总体规划（2018—2035年）	2019.6	广州市规划与自然资源局	制定了绿色发展、综合魅力、智慧创新、美丽宜居、包容均衡、生态韧性的城市转型发展路径。
广州市推进新型基础设施建设实施方案（2020—2022年）	2020.12	广州市人民政府	优化升级融合基础设施，加快建设信息基础设施，强化在城市安全管理、应急管理、城市体检等领域的应用，提升灾害防御力。
广州市国民经济和社会发展第十四个五年规划和2035年远景目标纲要	2021.4	广州市人民政府	提出统筹发展和安全，聚焦国家安全、社会安定、人民安宁，建设韧性城市。
广州市应急管理第十四个五年规划（2021—2025年）	2021.8	广州市人民政府	提出建设韧性城市、强化本质安全，建设最安全稳定的国际大都市。
广州市人民政府工作报告	2022.1	广州市人民政府	提出守住城市安全发展底线，有效防范化解重点领域风险隐患，建设韧性城市，确保城市运行安全有序。

1. 城市规划塑造安全韧性体系

广州市将城市安全管理上升至制度建设层面，从风险防控与空间规划上筑牢城市安全关。在安全风险防控上，广州市出台了《广州市城市建设防灾减灾规划（2019—2025年）》《广州市安全风险分级管控实施细则（试行）》等一系列专项制度规划，累计排查登记四个专项18类隐患风险，并提出工程性和非工程性治理措施，构建灾害防治体系。在城市规划上，自主先行探索，率先开展市级国土空间总体规划试点，将安全韧性城市建设纳入《广州市国土空间总体规划（2018—2035年）》，提出从地质地震、能源安全、海绵城市等方面强化城市韧性。

2. 城市更新推动城市高质量发展

广州市在2019年提出"三旧"改造、"三园"转型、"三乱"整治①等城市更新九大重点工作。2020年形成"1+1+N"系列城市更新政策体系。② 2019年以来，广州市城市更新九项重点工作累计投资3017亿元，针对老旧城区，对272个城中村加强综合整治和分步骤改造，完成752个老旧小区微改造项目，旧楼加装电梯1.23万台，增设无障碍通道89.5千米，完善消防设施5.4万个，整治"三线"2052千米，治理违建2.05亿平方米；针对生态环境问题，整治雨污分流461千米，清理"散乱污"场所6.4万个，新增绿化1036万平方米[41]，建成碧道821公里。

3. 城市体检"治已病防未病"

广州市作为城市体检的试点城市之一，按照"一年一体检，五年一评估"的工作要求和"以区为主，市区联动"的工作思路推进市级和区级的城市体检和评估工作。2019年推出"广州市城市体检评估信息系统"，同时开展社会满意度调查，公开招募"城市体检观察员"全面了解群众感受。通过两轮自评和第三方评估，广州市的城市安全系数在满分100分的情况下，从扣分超过26分，到最后以自评95.6分、第三方评估94.6分的成绩，顺利达成申报"国家安全城市"创建的条件，跨入"准"国家安全城市行列。[42]

4. 以信息化建设为抓手，构建智慧应急管理平台

广州市将科技和信息化建设作为一把手工程，打造"1+2+4+N"的信息化建设模式③，推进应急管理现代化发展。一是应急管理业务模式加速转型升

---

① "三旧"指旧城镇、旧厂房、旧村庄，"三园"指村级工业园、专业批发市场、中心城区物流园，"三乱"指违法建设、黑臭水体、"散乱污"场所。
② "1+1"指《关于深化城市更新工作推动高质量发展的实施意见》和《广州市深化城市更新工作推动高质量发展的工作方案》，"N"指15个配套政策文件。
③ "1+2+4+N"的信息化建设模式，即1张融合网、2个指挥中心、4个体系标准、N个应用。

级，利用各类应急相关数据的统计、查询、分析、挖掘，结合人工智能、大数据、云计算等技术，推进应急智能化应用；二是加强数据治理与平台韧性，将气象、水利、地质灾害、交通、消防等系统数据接入指挥中心，满足各种极端条件下的应急通讯、指挥调度需要；三是强化源头管控和量化监管，将安全生产事件以不同颜色标注，各企业风险防范要求、事件处理进度、文书查询等各种数据一目了然，覆盖了事件起因、后果、处理的闭环过程。

5. 实战化演练，检验应急预案与救援能力

广州市建立了覆盖多层级、多领域的应急预案体系，预案数量达 3 万多个。首创性开展不预先通知时间、地点、事件类型的"双盲"应急演练，检验应急预案制定的科学性和实用性、指挥人员的决策水平、应急队伍的反应协调与处置能力，自 2019 年以来累计开展 3000 余场，约 26 万人参加。在救援力量方面，广州市目前拥有 12 支综合应急救援队伍、19 支市级专业救援队伍、28 支区级专业救援队伍、12 支社会应急救援队伍，并与 2 支驻地部队建立联动机制。通过应急演练，广州市不断完善制度机制，分析指正现存问题，锻炼出强大的应急救援队伍，极大提升了应对各种险情、灾情和突发事故的救援水平。

6. 动员全民参与，塑造基层安全"内生力"

广州市在安全城市建设中，为市民推出"10^{20}"宣教文化品牌①，提升群众体验度，培育全民参与、全民响应的应急安全文化。为了提升居民的灾害风险防范意识和自救互救能力，印发《广州市家庭应急物资储备建议清单》，以满足受灾家庭日常生活、医疗救护、自救互救为原则，方便居民群众储备和应急使用。2019 年后国家对"城市社区安全网格化"提出了专门要求，点明社区安全在城市应急管理中的基础性地位。随即，广州市创新建立"一岗多能"的安全风险网格员队伍，支持引导社区居民开展隐患排查和治理，全市社区网格化覆盖率达 100%，191 个社区获评"全国综合减灾示范社区"，23

---

① "10^{20}"宣教文化品牌，包括构建 20 个立体宣传矩阵、制作播放 20 期"急中生智+安全无恙"专题电视广播节目、打造 20 个场馆的应急安全体检馆群、甄选 20 部巨灾科普电影、创建 20 个安全宣传"五进"示范点、推荐 20 本应急安全书籍、创建 20 家安全文化示范企业、制作播放 20 部公益宣传片、培育 20 个"三个必须"骨干宣教单位、组建由 20 名专家组成的智囊团。

个社区获评"全国地震安全社区"。

四 韧性理念嵌入城市公共安全风险治理的实现机制

通过案例分析可知,广州市的城市安全建设重点经历了由安全生产到韧性治理的转变。2018年以前,广州市重点关注城市安全生产工作,力图提升建筑施工等重点领域的安全水平;2018年后,国家对城市安全发展提出了新要求,广州市以推进国家安全发展示范城市创建为契机,将韧性理念逐渐嵌入城市公共安全风险治理的实践之中。

(一)韧性能力提升的多维度策略

城市是一个复杂系统,城市韧性能力的提升依赖系统内各种维度的能力和资源相互耦合嵌套以应对内外部变化。[43]面对自然灾害、城市日常运行和构建新发展格局带来的多重风险,广州市以构建城市的长期性整体韧性为目标,根据城市公共安全风险的实际情境,通过制度、工程、环境、技术、组织和社会六个维度的优化策略,提高应对风险灾害和突发事件的多维韧性能力,进而提升城市的安全发展水平。

1. 制度韧性:以顶层设计、系统规划提升学习力

城市具有"顶天立地"的特殊定位,必然要在制度层面确保顶层制度设计和基层微观执行的高效联动,在政策制定、执行、评估和监督的交互关系中做到行动有力。[6]首先,韧性的制度体系能够为城市治理提供行为规范、创造良好环境。[44]广州市针对城市所面临的持续变化的灾害风险态势和形势要求,不断完善和调整城乡空间布局与建设规划,合理调节用地总量与开发强度,增强了城市安全韧性。其次,科学的反思和学习是制度优势转化为治理效能的关键。[5]广州市在城市发展中,利用城市体检进行查漏补缺,实现了从事后应急到事前预警的观念转变,及早发现和破解城市问题,按照高质量发展和精细化管理要求不断健全城市公共安全治理体系。

2. 工程韧性：以增量建设、维护更新提升冗余性

基于韧性城市的视角，城市公共安全风险治理的核心目标是实现与外部不确定性的共存，面对自然或人为带来的风险灾害，城市基础设施和建筑工程能够维持正常运行并可恢复原有功能。城市的"生命线工程"、市政设施等是城市韧性的物理基础，具有覆盖面广、公共性高、关联性强的特征。[45]因此，城市的基础设施系统受到威胁时，会引发较为严重的次生灾害，甚至导致城市社会、经济等功能的瘫痪。广州市通过构建城市更新"1+1+N"政策体系，实施"三旧"改造、补齐基础设施建设短板等工程性举措，不断提升城市硬件系统的质量水平。同时，积极推动物资储备库、应急避护场所的建设，有效提升城市的安全保障能力和冗余充沛性，增强了城市对于灾害冲击的抵御能力和自愈能力。

3. 环境韧性：以生态保护、减灾防灾提升适应力

随着城市化建设的快速推进，城市面临的生态环境风险不断增加。环境韧性意味着城市能够有效应对生态安全和自然风险问题，在灾害来临时消化、适应，实现再造和复苏。广州市在国土空间规划上高度重视生态空间保护和修复，优先划定生态保护红线，优化空间布局，调整产业结构。在城市建设上，大力推进"海绵城市"建设，以及白云山、越秀山、海岸带生态修复工程等多项实践，增强城市的综合承载力，走出了从被动防治到生态韧性的城市转型路径。在平台建设上，初步建立形成了气象灾害、水旱灾害、地质灾害、地震灾害、森林火灾等自然灾害防御体系，自然灾害综合防治能力逐步增强。

4. 技术韧性：以智能融合、信息建设提升智慧性

信息社会的到来和生产生活方式的变革，要求将互联网、大数据、人工智能等现代信息技术手段融入城市治理之中，提高对风险的精准识别和高效响应。[46]广州市以智慧应急信息化建设为重点工程，用数字化驱动应急管理体制机制改革，实现了对城市公共安全治理的两方面赋能。一方面，通过建成涵盖安全生产、自然灾害、城市安全等领域的应急管理综合应用平台，实现"一网统管"，提高了信息集成能力，助力公共安全风险的感知研判，为城市

公共安全治理提供了有效决策依据；另一方面，新兴技术的运用加强了多部门间的数据互联互通，打破碎片化，强化了组织间协同和信息沟通，满足多灾种、大应急、智能化的新时代要求。现代技术手段的运用，提升了城市精细化、智慧化管理水平，进一步增强了城市应对风险的韧性能力。

5. 组织韧性：以协同治理、多元参与提升协同性

以政府为核心的多主体协同共治能力是构成长期城市韧性能力的基础。完善的城市协同治理机制可以最大程度地调动城市资源，将灾害损失降至最低。城市政府在城市公共安全治理中扮演着领导者和协调者的角色，城市政府通过调动社会组织、公众、新闻媒体、企业等社会力量参与公共安全治理，积极构建多元主体、良性互动的复合型治理体系，实现城市治理资源的有效配置。广州市在城市公共安全风险治理中高度重视依靠社会力量，通过建立全国首个社会应急力量孵化基地、首推社会应急力量专题责任保险等举措，广泛动员、积极引导社会力量参与到科普减灾、应急救援、灾后重建之中，并且为社会应急力量的参与提供了良好保障。

6. 社会韧性：以赋权增能、文化塑造提升凝聚力

对基层力量赋权增能，培育公共安全文化，是培育城市社会韧性的根本性工程。党的十九大报告提出"打造共建共治共享的社会治理格局，加强社区治理体系建设，推动社会治理重心向基层下移"，社区已经成为提升国家整体治理效果的基础性单元。在此背景之下，一方面，广州市通过社区安全网格化管理，创建综合减灾示范社区，推进基层应急管理组织体系和应急管理能力建设，提升基层在非常态危机事件中的组织动员能力和应对处置能力。另一方面，良好的文化氛围对于优化资源配置、激发城市居民认同发挥着重要作用[47]，各类主体会提高参与风险防控的主动性，有效实现社会凝聚。广州市在城市应急管理中，创新宣传方式，通过开展多种形式的应急安全文化宣教活动，打造宣教文化品牌，推出家庭应急物资储备等举措，培育市民的防灾意识和自救互助能力。

综上，面对自然灾害、城市日常运行和构建新发展格局带来的多重风险，广州市以"安全发展示范城市"创建工作为契机，通过制度、工程、环境、

技术、组织和社会六个维度的优化策略，提高应对风险灾害和突发事件的多维韧性能力，进而提升城市的安全发展水平。

（二）常态与应急结合的城市运行

城市运行存在着常态与非常态两种基本形态。随着城市复合型风险的日益增加，两种状态之间存在着转换甚至叠加的情形。[13]从广州市的城市公共安全风险治理经验可知，将韧性思维运用到城市安全治理之中，意味着从全周期的角度审视城市治理。城市治理是常态治理与应急治理的有机统一[5]，常态治理是城市公共安全的基础，应急管理是非常态下城市公共安全的保障。城市应提升常态准备、应急态响应和两者之间转换的能力，从而做到与灾害风险的共存，增强城市公共安全风险治理的可持续性。

1. 常态治理：未病先防，夯实韧性基础

城市所面临的灾害风险呈现出不确定性、复杂性、多样性和阶段性等特征。因此，既然城市无法完全杜绝灾害的发生，就需要在常态治理中未雨绸缪，通过空间规划、更新、工程建设等方式主动增强城市安全韧性。广州市在常态治理中形成了"城市规划—城市更新—城市体检"的常态治理循环链条。在这个链条中，城市规划发挥引领作用，评估城市资源环境承载力，统筹城市建设管理合理规模，奠定城市的整体协调性和韧性基础[48]；城市更新作为行动路径，通过老旧城区更新改造、基础设施修复升级等工程性措施，推动城市结构优化、功能完善和品质提升，保持城市的可持续发展能力；城市体检作为重要抓手，开展城市风险隐患排查，针对"城市病"和城市问题实施全面、系统、综合的治理，更加针对性地优化城市规划，推进城市更新。

2. 应急管理：智慧融合，强化社会动员

城市公共安全风险呈现出典型的"跨界"型特征，涉及多主体、多部门、多事务。因此，面对跨界的复合型灾害，城市需要构建协同有效的整体性应急管理体系，打造上下联动、社会协同的应急管理格局，实现政府与社会的相互赋能与增权。广州市在城市应急管理中，将党和政府作为中心力量，形成了"信息建设—实战演练—全民参与"的应急管理模式，以信息化建设为

统领,利用大数据和资源共享进行风险感知,快速进行资源配置,及时传递风险信息,整合对接不同资源和主体,提升了城市的全周期智慧应急水平;以协同共治为根本,搭建合作平台,充分发挥社会主体在灾害应急中的重要作用,提升抗灾救灾、响应动员能力,进而推进应急管理能力现代化建设。

综上,本文尝试提炼韧性思维嵌入城市公共安全风险治理的实现机制(见图2)。通过复合维度的韧性治理策略,打造常态安全运行与非常态应急结合的公共安全风险治理体系,当风险、灾害和危机来临时,城市系统可以经受住冲击并且保持稳定运行,实现城市安全可持续发展。

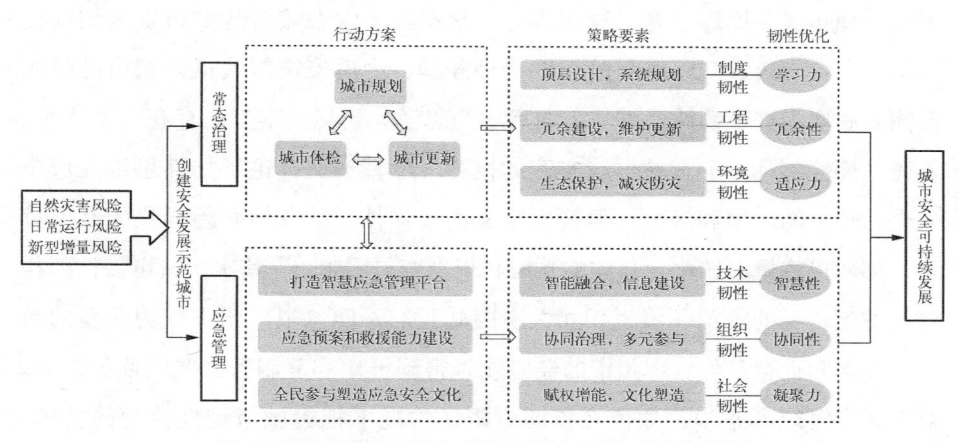

图2 韧性思维嵌入城市公共安全风险治理的实现机制

五 结论与讨论

韧性强调适应并吸纳风险。将韧性思维嵌入城市公共安全风险治理之中,既是应对风险社会的必然要求,也是提升治理现代化的现实指向,还受到城市建设实践的有力推动。本文从理论和事实经验两方面论证了韧性理念能够有效增强城市的风险防控能力,提升城市治理现代化水平。在韧性理念嵌入城市公共安全风险治理的分析框架下,韧性系统被解构为制度、工程、环境、技术、组织、社会六大维度,展现出不同的治理策略,通过硬件设施与软件设施的结合与互构,提升城市的韧性能力和治理现代化水平。在此基础上,以广州市的实践经验进一步验证这一理论逻辑。该市以创建国家安全发展示范城市为契机,形成了常态与应急结合的城市韧性治理路径。

本文可能的创新点有以下两方面。一是韧性治理在国内仍属较新兴的研究议题,目前少有研究从公共管理视角系统性地提出城市韧性构成要素,本文构建了兼具硬件设施与软件设施的城市安全韧性治理的理论框架,并对相关维度进行了系统解构。二是在后疫情时代,讲好城市安全治理的中国故事,对公共管理研究和实践而言十分紧迫。但是目前对于城市实践深入剖析的案例研究还比较缺乏。本文通过深入分析广州市创建安全发展示范城市以来的安全治理实践,提炼出复合维度耦合、常态与非常态兼备的城市安全韧性治理机制。希望通过解码广州的韧性治理经验,为后疫情时代提升城市危机应对能力和增强城市韧性提供一定的启示与思考。当然,本文还存在以下不足。首先,韧性不是一个容易付诸实践的概念。尽管本文讨论了韧性思维在城市安全治理中的应用和潜力,但韧性定义的多样性、抽象性和差异化的制度背景,都使得将概念转化为具体的政策和规划变得困难。[49]其次,城市韧性的构建与城市自身的资源环境密切相关。因此我们不能忽视广州市较为典型的政治、经济和社会条件。广州市的经验能否得到推广和复制,需要实践的检验。对于城市管理者来说,如何在资源有限的情况下把握城市韧性治理的关键,是一个现实挑战。[40]由于国内的韧性城市建设整体尚处于起步阶段,以上问题和挑战亟待在实践中进一步探索解决。

诚如吉登斯所言,风险与机会相伴而生。新冠疫情的爆发昭示了人类在未来仍面临各种不可预测的风险。后疫情时代,疫情防控进入常态化阶段,地方治理也迎来了新的机遇和挑战。将韧性理念嵌入城市公共安全风险治理,将有效提升城市的危机应对能力和治理现代化水平,也将推进更高水平的平安中国建设。

参考文献

[1] 张海波. 风险社会视野中的公共管理变革［J］. 南京大学学报（哲学·人文科学·社会科学版），2017，54（4）：57-65+158.

[2] 曹惠民. 治理现代化视角下的城市公共安全风险治理研究［J］. 湖北大学学报（哲学社会科学版），2020，47（1）：146-157.

[3] 曹策俊，李从东，王玉等. 大数据时代城市公共安全风险治理模式研究［J］. 城市发展研究，2017，24（11）：76-82.

[4] 范如国. "全球风险社会"治理：复杂性范式与中国参与［J］. 中国社会科学，2017，（2）：65-83+206.

[5] 朱正威，刘莹莹. 韧性治理：风险与应急管理的新路径［J］. 行政论坛，2020，27（5）：81-87.

[6] 黄建. 引领与承载：全周期管理视域下的城市治理现代化［J］. 学术界，2020（9）：37-49.

[7] 唐皇凤，王锐. 韧性城市建设：我国城市公共安全治理现代化的优选之路［J］. 内蒙古社会科学（汉文版），2019，40（1）：46-54.

[8] 戴均. 韧性治理：探索社区风险治理创新逻辑［N］. 中国社会科学报，2020-09-16.

[9] L. Christensen, N. Krogman. Social Thresholds and Their Translation into Social-Ecological Management Practices［J］. Ecology and Society, 2012, 17（1）：293-303.

[10] J. Santos, C. Yip, S. Thekdi, et al. Workforce/Population, Economy, Infrastructure, Geography, Hierarchy, and Time (WEIGHT): Reflections on the Plural Dimensions of Disaster Resilience［J］. Risk Analysis, 2020, 40（1）：43-67.

[11] 詹承豫. 转型期中国的风险特征及其有效治理——以环境风险治理为例［J］. 马克思主义与现实，2014，（6）：56-63.

[12] 高恩新，赵继娣. 公共危机管理研究的图景与解释——基于国际文献的分析［J］. 公共管理学报，2017，14（4）：141-52+60.

[13] 朱正威，胡向南. 以韧性治理回应现代城市的复合型灾害与风险［J］. 中国安全生产，2021，16（9）：26-29.

[14] J. Ahern. From Fail-Safe to Safe-to-Fail: Sustainability and Resilience in the New Urban World［J］. Landscape and Urban Planning, 2011, 100（4）：

341-343.

[15] P. Allan, M. Bryant. Resilience as a Framework for Urbanism and Recovery [J]. Journal of Landscape Architecture, 2011, 6 (2): 34-45.

[16] M. Bruneau, S. E. Chang, R. T. Eguchi, et al. A Framework to Quantitatively Assess and Enhance the Seismic Resilience of Communities [J]. Earthquake Spectra, 2012, 19 (4): 733-752.

[17] G. Huang, D. Li, X. Zhu, et al. Influencing Factors and Their Influencing Mechanisms on Urban Resilience in China [J]. Sustainable Cities and Society, 2021, 74: 1-11.

[18] A. Keating, K. Campbell, M. Szoenyi, et al. Development and Testing of a Community Flood Resilience Measurement Tool [J]. Natural Hazards and Earth System Sciences, 2017, 17 (1): 77-101.

[19] 仇保兴. 基于复杂适应系统理论的韧性城市设计方法及原则 [J]. 城市发展研究, 2018, 25 (10): 1-3.

[20] K. Yuzva, M. Zimmermann. Introduction: Toward the Resilient City [A]. In K. Otto-Zimmermann (eds.), Resilient Cities 2 [C]. Dordrecht: Springer Netherlands, 2012.

[21] K. A. Campbell, F. Laurien, J. Czajkowski, et al. First Insights from the Flood Resilience Measurement Tool: A Large-Scale Community Flood Resilience Analysis [J]. International Journal of Disaster Risk Reduction, 2019, 40: 101257.

[22] 周利敏. 韧性城市: 风险治理及指标建构——兼论国际案例 [J]. 北京行政学院学报, 2016, (2): 13-20.

[23] S. L. Cutter, L. Barnes, M. Berry, et al. A Place-Based Model for Understanding Community Resilience to Natural Disasters [J]. Global Environmental Change, 2008, 18 (4): 598-606.

[24] Arup. City Resilience Index: Understanding and Measuring City Resilience [Z]. 2016.

[25] F. H. Norris, S. P. Stevens, B. Pfefferbaum, et al. Community Resilience as a Metaphor, Theory, Set of Capacities, and Strategy for Disaster Readiness [J]. American Journal of Community Psychology, 2008, 41 (1-2): 127-150.

[26] 廖茂林, 苏杨, 李菲菲. 韧性系统框架下的城市社区建设 [J]. 中国

行政管理, 2018（4）: 57-62.

[27] 吴晓林, 谢伊云. 基于城市公共安全的韧性社区研究［J］. 天津社会科学, 2018（3）: 87-92.

[28] 林雪, 张海波. 城市系统的软实力: 地方政府韧性能力概念框架的构建［J］. 行政论坛, 2020, 27（5）: 88-94.

[29] 石佳, 郭雪松, 胡向南. 面向韧性治理的公共部门危机学习机制的构建［J］. 行政论坛, 2020, 27（5）: 102-108.

[30] 颜德如. 构建韧性的社区应急治理体制［J］. 行政论坛, 2020, 27（3）: 89-96.

[31] 王磊, 王青芸. 韧性治理: 后疫情时代重大公共卫生事件的常态化治理路径［J］. 河海大学学报（哲学社会科学版）, 2020, 22（6）: 75-82.

[32] 周利敏, 原伟麒. 迈向韧性城市的灾害治理——基于多案例研究［J］. 经济社会体制比较, 2017,（5）: 22-33.

[33] S. Ainuddin, J. K. Routray. Community Resilience Framework for an Earthquake Prone Area in Baluchistan［J］. International Journal of Disaster Risk Reduction, 2012, 2: 25-36.

[34] 崔鹏, 李德智, 陈红霞等. 社区韧性研究述评与展望: 概念、维度和评价［J］. 现代城市研究, 2018,（11）: 119-125.

[35] C. G. Burton. A Validation of Metrics for Community Resilience to Natural Hazards and Disasters Using the Recovery from Hurricane Katrina as a Case Study［J］. Annals of the Association of American Geographers, 2015, 105（1）: 67-86.

[36] 肖文涛, 王鹭. 韧性视角下现代城市整体性风险防控问题研究［J］. 中国行政管理, 2020,（2）: 123-128.

[37] 肖文涛, 王鹭. 韧性城市: 现代城市安全发展的战略选择［J］. 东南学术, 2019（2）: 89-99+246.

[38] 蓝煜昕, 张雪. 社区韧性及其实现路径: 基于治理体系现代化的视角［J］. 行政管理改革, 2020（7）: 73-82.

[39] 王鹭, 肖文涛. 刚性管制—弹性管理—韧性治理: 城市风险防控的逻辑转向及启示［J］. 福建论坛（人文社会科学版）, 2021（5）: 167-175.

[40] 马奔, 刘杰. 韧性理念如何融入城市治理——基于D市安全发展示范城市创建的启示［J］. 行政论坛, 2020, 27（5）: 95-101.

[41] 全杰. 打造城市更新"广州范例",迸发花城精彩新活力[N]. 广州日报,2021-7-15.

[42] 广州市应急管理局. 为了羊城更安全! 广州争创全国首批安全发展示范城市[EB/OL]. http://yjglj.gz.gov.cn/ztzl/cjgjaqfzsfcs/content/post_6861285.html,2020-10-21.

[43] 容志. 构建卫生安全韧性:应对重大突发公共卫生事件的城市治理创新[J]. 理论与改革,2021(6):51-65+152.

[44] 王莹. 韧性视角下新时代城市安全风险治理策略研究[J]. 领导科学,2020(16):37-40.

[45] 余翰武,伍国正,柳浒. 城市生命线系统安全保障对策探析[J]. 中国安全科学学报,2008(5):18-22.

[46] 吕普生. 我国制度优势转化为国家治理效能的理论逻辑与有效路径分析[J]. 新疆师范大学学报(哲学社会科学版),2020,41(3):18-33+2.

[47] 黄莹,刘金英. 城市社区怎样进行文化营造[J]. 人民论坛,2019(1):96-97.

[48] 朱正威,胡向南. 以韧性治理回应现代城市的复合型灾害与风险[J]. 中国安全生产,2021,16(9):26-29.

[49] 李云燕,李壮,彭燕. "治未病"思想内涵及其对韧性城市建设的启示思考[J]. 城市发展研究,2021,28(1):32-38.

[50] S. Woodruff, A. Bowman, B. Hannibal, et al. Urban Resilience:Analyzing the Policies of U.S. Cities[J]. Cities,2021,115(2):103239.

The Theoretical Logic and Realization Mechanism of Embedding Resilience Concept into Urban Public Security Risk Governance
—Reflection Based on the Practice of Guangzhou

He Lanping　　Cao Huiyuan

Abstract:Modern cities are facing increasingly severe compound disaster risk. Embedding the concept of resilience into urban public security governance is a practical choice to improve risk response ability under the new situation. At the theoretical level, this paper constructs the logical framework of urban public security risk governance based on the concept of resilience, and deconstructs it from the six dimensions of system, engineering, environment, technology, organization and society. At the practical level, taking Guangzhou as a case, this paper analyzes the operation mechanism of the concept of resilience embedded in urban public security risk governance. Taking the establishment of a safe development demonstration city as an opportunity, Guangzhou has created two major modes of emergency management: normal governance of "urban planning – urban renewal – urban physical examination" and "information construction – practical exercise – national participation". In the post-epidemic era, China's urban development should adopt the resilience optimization strategy of composite dimensions, build a public security risk management system combining normal condition and emergency, and improve the sustainable development capacity of urban resilience and the level of governance modernization.

Keywords: Resilience; Urban Public Security; Risk Governance; Governance Modernization

风险感知与决策研究

公众何以支持复工复产政策？
——基于理性与经验双重路径的分析

周凌一　陈小维[*]

摘　要：为了逐步恢复社会生产生活秩序，全国各地于 2020 年 2 月底、3 月初开始有序推行复工复产政策。复工复产政策本身是一把"双刃剑"，一方面能够刺激经济复苏，另一方面却容易导致因聚集性活动增加而出现的疫情"反弹"现象。公众的支持度是影响复工复产政策执行与落实的关键因素。既有研究表明，公众的政策支持度会受政治信任、风险感知、利益感知、知识水平等众多因素的影响，但鲜有研究从社会心理学视角出发，深入探讨理性和经验路径下公众政策支持度的形成机制。本文以知识水平代表理性路径的思考能力，以政治信任代表经验路径的促发因素，深入探究面对复工复产这一利弊兼存的政策，公众应如何在理性与经验双重路径下权衡复工复产的利益和风险，进而形成对这一政策的支持度。基于全国范围内采集的 2019 份有效问卷，本研究运用结构方程模型进行实证分析，发现知识与信任都是作用于公众政策支持度的重要因素：在理性路径下，公众的知识水平越高，对政策所带来的风险感知越低，利益感知越高，进而越倾向于支持复工复产政策；

---

[*] 周凌一，复旦大学国际关系与公共事务学院青年副研究员，研究方向为区域协同治理、公众认知、环境政策等；陈小维，复旦大学国际关系与公共事务学院硕士研究生，研究方向为公共政策分析。

在经验路径下，公众的政治信任则可以直接提升其对政策的支持度。因此，政府在推行复工复产政策的过程中，一方面需要普及相关的科学知识，帮助公众增强理性判断的能力，另一方面也可以在政策制定和执行过程中建立起公众参与的制度性渠道，提升公众对政府疫情防控能力的信心。

关键词： 知识水平　政治信任　政策支持度　复工复产

一　引言

此次新冠肺炎疫情不仅严重危害公众的生命健康，也对社会的经济发展造成了重大损失甚至致其停滞。据国家统计局表明，2020年1—2月，中国社会消费品的零售总额同比下降20.5%，餐饮同比下降43.1%，商品零售同比下降17.6%，且2020年第一季度国内生产总值同比下降6.8%。① 为了推动社会生产生活秩序的恢复，在疫情逐步可控的基础上，全国各地于2020年2月底3月初开始有序推行复工复产政策。虽然当时疫情发展态势明显减缓，疫情防控取得了有效成果，但同年4月起，黑龙江、吉林、北京等地先后出现了复工复产后疫情反弹的现象。由此可见，复工复产政策本身是一把"双刃剑"，一方面能够刺激经济复苏，另一方面却会因聚集性活动的增加而导致疫情"反弹"现象。

复工复产政策的推行与公众的生活紧密相关，而公众对这一政策的支持度是影响复工复产政策有序落实的关键要素。公众支持度是政策合法性的重要来源，也是影响政策执行效果的关键因素。[1] 既有研究表明，公众的政策支持度会受政治信任、风险感知、利益感知、知识水平等众多因素的影响[2-5]，

---

① 数据来源：中国政府网. 2020年1—2月份社会消费品零售总额下降20.5%［EB/OL］. http://www.gov.cn/xinwen/2020-03/16/content_5491847.htm, 2020-3-16/2020-9-12. 国家统计局. 统筹疫情防控和经济社会发展成效显著 3月份主要经济指标降幅明显收窄［EB/OL］. http://www.stats.gov.cn/tjsj/zxfb/202004/t20200417_1739327.html, 2020-4-17/2020-9-12.

但鲜有研究从社会心理学视角出发,深入探讨理性和经验路径下公众政策支持度的形成机制。在理性路径(rational approach)下,公众通过概率测算、逻辑推演及风险评估等方式理性思考;经验路径(experiential approach)则是公众基于已有经验或对专家、管理机构的信任而形成直观、快速的情感判断。[6][7]面对复工复产这一利弊兼存的政策,公众如何在理性与经验双重路径下权衡复工复产的利益和风险,进而形成对这一政策的支持度?关于这一研究问题的探索有利于帮助我们深入理解公众支持特定政策的认知过程,并为提高公众对复工复产政策的支持度建言献策。

二 文献综述与理论框架

(一)政策支持度的影响因素

公众支持对政策的有效执行至关重要,不少学者在交通、环境、核能等领域探索政策支持度的影响要素,主要包括知识水平、政治信任、风险感知、利益感知等。[2][3][5]

1. 知识水平

知识水平影响政策支持度的研究最早源于20世纪60年代核能技术的民用化。面临巨大的知识鸿沟和不确定的技术时,公众很难科学、全面地了解核电技术,因此良好的知识储备能够帮助公众理性看待核电技术并增强其接受度。[8]但也有学者发现知识水平与核电接受度之间呈现负向关系[9],甚至没有显著影响[10]。这些不一致的结论可能与具体的知识内容、特定风险源及样本属性有关。与此同时,知识对政策支持度的重要作用也逐渐被延伸至气候变化、环境保护、可再生能源、转基因技术等领域的研究。[11][12][13]知识的缺乏使得大多数公众无法直接评估新兴技术或新型疾病的风险和利益,他们必须依赖于专家提供的信息,尤其是值得信任、观点准确的专家。[14]

延伸到重大突发公共卫生事件,新冠肺炎疫情的病因、传播渠道、危害及预防等知识都可能会影响公众的风险认知及他们支持复工复产政策的程度。

在危机情况下获取并分享信息是人的本能反应,既有研究表明,个体自觉或不自觉地暴露于跟疫情相关的海量信息中,由此出现的信息超载会大大降低公众的信息处理效率。[15]个体有限的知识水平难以辨别信息的真伪,不实信息有可能会放大其对风险的感知。当公众具备较高的知识水平时,其相应的风险感知会更为客观,防疫能力也会有所提高,进而影响他们对复工复产政策的支持度。

2. 政治信任

政治信任是公众对政府如何基于社会期望而运作的基本评价,具体涉及意愿(willingness)与能力(competence),公平性(fairness)与回应性(responsiveness),结果(outcome)与过程(process)等。[16]公众的政治信任受到信息公开程度、风险关注度、价值观共识、机构能力等因素的影响。[17]既有研究表明,政治信任与公众的政策支持度间呈正相关关系。换言之,如果人们对于政府有较高水平的信任,他们就会更愿意遵守政府制定的法规与政策。[4][18]也有学者指出,公众对政府机构的信任能够通过增强利益感知或降低风险感知来有效提升其风险接受度[19],政治信任可以有效弥补知识缺乏所带来的负面影响,进而降低公众的风险感知[14]。面对突发公共卫生事件,政府往往会出台政策、宣传知识,及时向社会公布疫情的实时动态,使得公众增强对政府疫情防控能力的信任,以更加客观与理性的态度看待疫情。[20]不少学者研究发现,公众对政府的信任能够有效降低他们对新冠肺炎疫情的风险感知[21][22],并强化其相应的预防行为[23]。此外,政治信任可以显著提升公众对疫情防控措施的支持度,例如行程追踪软件的应用。[24]基于新冠肺炎疫情高传染性的特点,复工复产所面临的最大风险是人群集聚所引发的疫情反弹,而公众对政府风险管控意愿与能力的信心会直接影响其参与到复工复产中的意愿。

3. 风险感知

风险感知,是指个体对外界各类客观风险的主观感受和认识,并且强调个体由直观判断和主观感受获得的经验对认知的影响。[25]既有研究表明,公众对新兴技术所带来的健康、环境及社会稳定等方面风险的感知程度越高时,他们越不愿意支持该技术在当地的建设与发展。[10][26][27]面临重大突发公共卫生事件时，负面情绪不利于个体理性的认知活动，较高水平的焦虑、恐惧情绪使得公众对信息真假的判断能力有所降低[28]，从而影响其风险感知。疫情防控政策能否成功，很大程度上取决于公众对风险的准确认识，准确的风险感知对有效应对突发公共卫生事件至关重要[21]。较高水平的风险感知会促使公众采取更多的预防行为[29]，而健康风险感知也能够有效提升公众对隔离等疫情防控措施的支持程度[24]。公众对新冠肺炎疫情的风险感知是影响其行为的重要因素[30]，科学的疫情防控策略需要时刻关注社会层面的风险感知变化以引导公众行为[31]。后疫情时代，公众对复工复产的风险感知主要表现为对聚集性活动引发疫情反弹的忧虑，这一风险感知会影响他们对复工复产政策的支持程度。

4. 利益感知

利益感知，是指个人认为采取相应行动将产生积极结果的可能性，也是影响政策支持度的重要因素之一。核能领域的研究表明，核能发展能给当地经济、社会发展带来众多利处，譬如提供就业、降低电价、优化能源结构、改善环境等，而这些利益感知能够促进公众对核电站建设的支持度。[32]在中国，相较于风险感知、知识水平等因素，利益感知对核电支持度的影响最为显著。[33][34]在环境治理领域，特定政策改善环境绩效的利益感知也会影响公众的支持度。[35]新冠肺炎疫情的研究则表明，如果公众认为隔离等防控措施能够保护自身健康，即有更强的利益感知，那么就会更加支持这一措施。[24]后疫情时代，复工复产的推行利于逐步恢复正常的社会生活生产秩序，促进经济的复苏与发展，公众的这一利益感知也会影响他们对复工复产政策的支持度。

（二）理论框架：理性与经验双重路径下的政策支持度

研究表明，人们通常从理性和经验两大路径来理解现实生活中的事物：一种是分析、审慎的路径，即公众通过概率测算、逻辑推演及风险评估等方式理性认识，这一路径相对缓慢并需要有意识的控制；另一种是直观、自然的路径，即公众基于已有经验形成的直观、快速的情感判断，这是最自然、最常见的方式[6]。公众在决策时，可能会同时运用两种路径，也可能由某种路径占主导地位。在面对复杂、不确定甚至危险的情况时，个人往往依据信任和情感因素做出判断,这是更加快速、简单且有效的方式。[6]针对复工复产政策,公众如何基于理性和经验的双重路径形成支持或反对的意见是本文研究的重点问题。

在理性系统下,公众主要基于既有知识来判断与决策,形成对特定政策的支持度。具体而言,知识水平可能通过风险与利益感知来进一步影响公众的支持度。[14][36]首先,知识水平会影响公众的风险感知。学者们发现,欠缺或错误的知识是造成公众反对新技术的重要原因,而正确与丰富的知识可以帮助其客观认知技术带来的风险,一定程度上减轻风险感知,对新技术的发展做出更为理性的判断。[26][37]就新冠肺炎疫情而言,既有研究表明,专业知识能够有效降低公众的风险感知,因为他们会基于知识对疫情产生更强的自我控制感,从而感受到更少的不确定性与威胁。[38]据此,新冠肺炎疫情的病因、传播渠道、危害及预防等知识能够帮助公众客观理性认识疫情的危害并掌握相应的防护措施,降低风险严重性的感知,减少对复工复产后疫情反弹的过度担忧。[39]其次,知识水平会影响公众的利益感知。在核能领域,研究表明知识水平能够帮助公众理解核能发展的益处,而非主观地误解风险,进而提高他们对核电发展的接受程度。[40]同理,知识水平较高的公众对疫情所产生的社会经济危害更为了解,并在具备防疫知识的基础上增强风险可控性的感知,由此对疫情和复工复产都有更加理性的认知,进而强化其对复工复产的利益感知,并提高政策支持度。

在经验系统下,公众基于对管理机构的信任形成自身的政策支持度。尤其是面对复杂化的社会问题时,由于缺乏相关的知识和信息,大多数人不能正确地评估和认识风险与利益。[14]此时,经验系统会在公众决策时占主导作用,公众倾向于根据对政府等管理机构的信任来做出相应判断。[41][42]既有研究表明,经验系统的决策路径下,公众对政府机构的信任可以增强其利益感知并弱化风险感知。[14][43]面对全新、重大、突发的公共卫生事件,公众很难对复工复产阶段感染新冠肺炎的概率、情境等有准确的认识,因此在决策时他们主要依赖于经验路径,根据其对政府机构的信任形成相应的政策支持度。具体而言,公众对政府机构信息公开、防疫措施等方面的信任度与满意度可以有效降低其风险感知[22][38]，进而促进复工复产政策的推行。此外，当公众更信任政府的防疫能力时，其利益感知也会更强[19]，比如提高公众对复工复产后经济复苏的利益感知，则其会更愿意支持相应政策的推行。

据此，本研究构建起理性与经验双重路径下公众支持复工复产政策的理论框架，具体如图 1 所示。在理性路径下，公众的知识水平能够有效降低其风险感知并增强利益感知，进而提升复工复产的政策支持度；在经验路径下，政治信任利于降低公众的风险感知和增强其利益感知，进而提高公众的政策支持度。

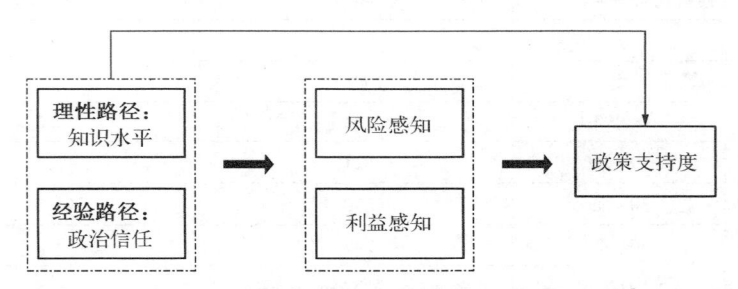

图 1　理性与经验双重路径下公众支持复工复产政策的理论框架

三　研究设计

（一）数据采集

本研究主要采取电子问卷发放的方式来获取数据。本研究于 2020 年 5 月面向全国，以便利抽样的原则向不同地区、不同职业、不同年龄段的微信群发放问卷①，最终回收问卷 3258 份，按照答题时间筛选后获得有效问卷 2019 份②。回收的有效数据涵盖全国除西藏、青海和港、澳、台外的 21 个省、4 个

---

① 电子问卷以"滚雪球"的方式进行发放，并在问卷中设置红包作为奖励机制。第一波问卷向复旦大学校友群、MPA 学生群、求职招聘群以及全国各地的亲朋好友发放，同时请全国各地的问卷填写者帮忙转发至当地的微信群；第二波问卷发放是基于第一波问卷部分地区和年龄段数据不足的情况进行针对性地补发问卷，以完善样本的代表性。
② 根据前期的预调研，我们得知认真、完整填写问卷大约需要 3.5 分钟及以上，因此我们在样本中剔除答题时间在 3.5 分钟以下的问卷，以保证数据质量。

直辖市和 4 个自治区①，具有较强的全国代表性。在有效样本中，男性占比 48%，女性占比 52%，平均年龄为 31.7 岁，平均月收入为 5936 元，受教育程度以大学本科学历为主，职业分布较为均匀，其中国有或集体企业、民营企业及自由职业者所占比重较高（具体见表 1）。由于本研究主要使用电子问卷的采集方法，样本的整体年龄结构偏年轻化，这也是样本的局限性所在。

表 1 问卷回收样本社会人口统计分布

统计特征		频数	百分比（%）
性别	男	971	48.1
	女	1048	51.9
年龄（岁）	18 以下	44	2.2
	19—29	821	40.7
	30—39	870	43.1
	40—49	247	12.2
	50 及以上	37	1.8
月收入（元）	<3000	329	16.3
	3000—5000	549	27.2
	5001—8000	615	30.5
	8001—10000	337	16.7
	10001—20000	153	7.6
	20001 及以上	36	1.8
教育	初中及以下	99	4.9
	高中/中专	359	17.8
	大学专科	515	25.5
	大学本科	843	41.7
	硕士及以上	203	10.1

---

① 具体的样本范围包括：安徽省、福建省、江西省、山东省、河南省、山西省、湖北省、湖南省、北京市、广东省、广西壮族自治区、海南省、重庆市、四川省、贵州省、云南省、内蒙古自治区、陕西省、甘肃省、宁夏回族自治区、新疆维吾尔自治区、天津市、辽宁省、吉林省、河北省、黑龙江省、上海市、江苏省、浙江省。

续表

统计特征		频数	百分比（%）
职业	党政机关、军队	115	5.7
	事业单位	234	11.6
	国有或集体企业	355	17.6
	民营企业	398	19.7
	外资企业	89	4.4
	个体工商户	193	9.6
	社会组织、民办非企业	92	4.6
	自由职业者	308	15.3
	务农工作	60	3.0
	学生	139	6.9
	失业或下岗人员	25	1.2
	退休	11	0.5

（二）问卷设计

本研究调查问卷主要包括知识水平、政治信任、风险感知、利益感知四部分共40个问题（详见表2）。除社会人口统计特征外，其余的内容都采取李克特五点量表的形式，"1"表示非常不同意，"3"表示中立，而"5"表示非常同意。

1. 知识水平

本研究中知识指公众对于新冠肺炎疫情的了解程度。我们从传染知识、危害知识和预防知识三方面来考察公众的知识水平，具体包括"无症状感染者不具有感染性""整体而言，新冠肺炎的传染性比SARS（非典）强""连花清瘟胶囊可以预防新冠肺炎"等共8个问题。值得注意的是，本研究对公众知识水平采用客观的测度，即通过判断受访者回答正确与否来加总其知识水平。

2. 政治信任

既有研究中，学者们对政治信任大多是用"你对政府总体的信任程度"或"你对……机构的信任程度"这种问题来衡量。然而，政治信任也有其特定的维度，本研究将疫情时期公众的政治信任划分为两方面：一方面是对政府所提供疫情数据公开透明程度的信任，如新冠肺炎的确诊、疑似病例等；另一方面是对政府疫情防控能力和措施的信任。基于信息与能力两大维度，我们设计6个问题来分别测度公众对中央政府和地方政府的信任，包括"总体来说，我相信中央/地方政府"、"我相信中央/地方政府的抗疫能力"及"我相信中央/地方政府的疫情信息公开透明"。其中对中央政府信任的三个测度的 Cronbach's α 为 0.8555，对省级政府信任的三个测度的 Cronbach's α 为 0.9129，具有很高的内部一致性，可见建构效度很好。

3. 风险与利益感知

复工复产存在因聚集性活动导致疫情反弹的风险，本研究利用"您对本省复工复产后疫情的担忧程度如何"这一问题来测度公众对复工复产的风险感知。此外，新冠肺炎疫情给社会经济造成了巨大损失，而复工复产利于逐步恢复正常的经济运行秩序。因此，本研究通过询问"您认为新冠肺炎疫情多大程度上造成了本省的经济损失"，从成本角度衡量公众对复工复产政策的利益感知，若经济损失越严重则表明推动复工复产带来的经济利益越明显。

4. 个人信息

个人信息这一部分包括受访者的性别、年龄、受教育程度、健康状况、月收入、所在地区疫情风险、对健康风险与社会经济发展风险的关注度等问题。其中，健康状况的测度是"总体来看，您目前的健康状况如何"，所在地区疫情风险根据新冠肺炎累计确诊病例予以确定，具体表现为 1—4 依次递增的风险程度[1]，对健康/社会经济发展风险的关注度则通过询问"总体而言，您对公众健康风险/社会经济发展风险有多关注"来衡量。

---

[1] 湖北确诊病例超过10000例，风险程度最高，赋值为4；湖南、广东、河南、浙江确诊病例人数在1000到9999例之间，赋值为3；西藏、新疆、青海、宁夏确诊病例在99例以下，风险程度最低，赋值为1；其他地区确诊病例都是在100到999例之间，赋值为2。

四 实证结果

（一）描述性统计

表 2 描述性统计结果

	变量		均值	标准差	取值范围
因变量	政策支持度		4.32	0.84	1—5
自变量	利益感知		3.83	1.07	1—5
	风险感知		3.43	1.30	1—5
	中央政府的政治信任	总体信任	4.72	0.61	1—5
		能力信任	4.75	0.56	1—5
		信息信任	4.69	0.64	1—5
	省级政府的政治信任	总体信任	4.61	0.69	1—5
		能力信任	4.63	0.66	1—5
		信息信任	4.61	0.70	1—5
	知识水平		6.40	1.13	1—8
控制变量	健康风险关注度		4.35	0.79	1—5
	经济发展风险关注度		4.32	0.79	1—5
	性别		0.52	0.50	0—1
	年龄		2.71	0.78	1—5
	受教育程度		3.34	1.04	1—5
	健康状况		4.37	0.73	1—5
	月收入		2.78	1.23	1—6
	所在地区疫情风险		2.25	0.51	1—4

如表2所示，总体而言，公众对复工复产政策的支持度较高，持"较为支持"及以上态度的受访者高达88.6%。公众对复工复产风险感知的均值为3.43，57.06%的受访者担忧复工复产后会因聚集性活动增加而引发疫情反弹。69.39%的受访者认为新冠疫情给本省的经济造成了较大或很大的损失，均值为3.83。这在一定程度上表明，公众对复工复产的利益感知总体上高于风险感知，这也有助于提高复工复产政策的接受度。

在理性和经验认知的双重路径下，知识水平和政治信任会影响公众的利益和风险感知。表2的描述性统计显示，受访者的知识水平较高，均值高达6.4，表明公众对新冠肺炎疫情的传播渠道、危害及预防等各方面知识都有较好的了解。就政治信任而言，整体上公众对中央和省级政府的信任水平都较高。但无论是总体的政治信任（"总体来说，我相信中央/地方政府"），还是对政府抗疫能力、信息公开透明程度的信任，都呈现出中央政府高于省级政府的特征。这也在某种程度上体现了政治信任的差序格局，即公众认为中央和地方政府间存在着实质性的差异，民众对层级越高的政府信任程度越高。[44]在疫情防控中，公众更为信任中央的决心和能力，将其视为政策的制定者，而将地方政府视为执行者，若在政策落实过程中出现问题，公众更倾向于将责任归咎于地方政府，从而呈现出中央政治信任高于省级的特征。

此外，公众也非常关注社会经济发展风险和公众健康风险，86%以上的受访者对这些风险持"比较关心"和"非常关注"态度。

（二）模型结果分析

为了更好认识理性和经验双重路径下公众支持政策时各因素间的关系，我们运用结构方程模型进一步分析作用于公众支持度的直接与间接要素。本研究基于Mplus 7.0来估计图1所示的路径图，并采用WLSMV作为估计方法。图2展示了知识水平和政治信任对公众风险感知、利益感知与政策支持度的影

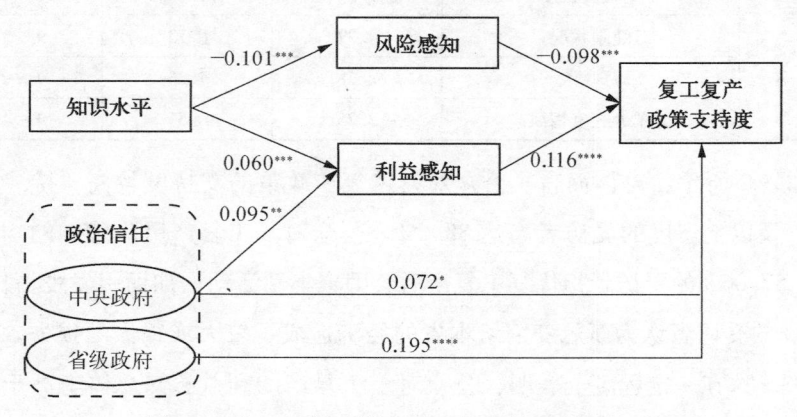

图2 理性和经验双重路径下政策支持度的形成机制

响路径图，表3显示了各自变量对政策支持度的直接和间接效应的标准化系数，表4则是结构方程模型的拟合优度指标，所有指标如 RMSEA、CFI、TLI 和 SRMR 都表明模型拟合良好。

表3 各变量作用于政策支持度的直接与间接效应（标准化系数）

		总效应	直接效应	间接效应	中介路径
知识水平		0.035*	0.019	0.017****	风险感知、利益感知
政治信任	中央政府	0.078*	0.072*	0.318	
	地方政府	0.184****	0.195****	-0.011	
风险感知		-0.098****	-0.098****	—	
利益感知		0.116****	0.116****	—	
性别		-0.040*	-0.040*	—	
年龄		0.097****	0.097****	—	
月收入		0.083****	0.083****	—	
受教育程度		-0.007	-0.007		
身体状况		0.031	0.031		
健康风险关注度		0.015	0.015		
社会经济发展风险关注度		0.154****	0.154****		
所在地疫情风险		-0.019	-0.019		

注：* $p<0.1$，** $p<0.05$，*** $p<0.01$，**** $p<0.001$。

表4 模型拟合优度指标

拟合优度指标	模型值
自由度（d.f.）	255
模型拟合的卡方检验	14956.646
RMSEA	0.057（90%C.I.：0.054，0.060）
CFI	0.910
TLI	0.811
SRMR	0.076

1. 理性系统下，知识水平会通过风险感知和利益感知增强政策支持度

图2表明，公众的知识水平越高，其风险感知越低（$\beta = -0.101$，$p < 0.01$）。学者们发现，知识水平的差异使得专家对危机事件的风险感知低于社

会大众,因此更加支持相关政策。[45]一般而言,在理性系统下,公众会根据既有知识来判断和分析,对新技术的正确理解与丰富的知识可以帮助公众客观认识技术的潜在风险,有利于降低其风险感知。[37]公众越了解新冠肺炎疫情的相关知识,就越能够理性地看待复工复产的潜在风险,对疫情也会有越强的可控感[38],据此降低风险感知,进而更支持复工复产政策。知识水平不仅会影响公众的风险感知,也会影响公众的利益感知。如图3所示,公众的知识水平越高,利益感知就越高($\beta=0.060$, $p<0.01$)。既有研究也发现知识水平能够帮助公众更为客观、理性地认识事物,尤其是更为了解其潜在的利益。[14][46]因此,知识水平可以增强公众的利益感知,从而促进其对复工复产的支持。

值得注意的是,如表3所示,知识水平对政策支持度的影响需要通过风险感知和利益感知这一中介路径发挥作用,换言之,知识水平通过降低公众的风险感知、增强公众的利益感知而间接作用于公众的政策支持度。这一结果说明,理性系统下,公众对疫情危害、预防等知识的了解能够有效帮助他们更理性、客观地认识复工复产的潜在风险,并放大利益感知,进而更支持复工复产政策。

2. 经验系统下,政治信任能够直接增强公众的政策支持度

图2表明,公众对中央政府的政治信任越高,利益感知就越强($\beta=0.095$, $p<0.05$)。公众越信任中央政府疫情防控的能力及数据公开的透明度,则越倾向于认为疫情风险是可控的,进而对复工复产的利益感知就会越强。面对未知风险时,公众倾向于依赖他们信任的信息来源做出决策。[14]但我们并没有发现政治信任与风险感知间的显著相关关系。虽然不少学者的研究表明政治信任能够有效降低公众对疫情的风险感知[21][22],但也有学者发现政治信任并不必然会影响公众对健康灾害的风险感知[50]。这可能是因为2020年5月问卷发放时,政府已向公众大力宣传与科普相关知识,使得他们较为全面地掌握了新冠肺炎疫情的传播渠道、危害及预防措施等信息①,因此基于理性路

---

① 知识水平这一变量较高的均值(6.4/8)可以体现这一点。

径而非经验路径来判断风险。但具体的影响机制及其成因还需要进一步地深入讨论，未来的研究中我们会更系统地探讨政治信任与风险感知间的关系。

此外，公众对中央政府和地方政府的政治信任能够直接、有效地提升其政策支持度，且地方政治信任的促进作用更为明显（地方政府：$\beta = 0.195$，$p<0.001$；中央政府：$\beta = 0.072$，$p<0.1$）。政治信任与政策支持度间的正相关关系在既有研究中也有所体现，例如，公众对政府的信任能够增强其对行程追踪软件、隔离等疫情防控措施的支持度。[24]值得注意的是，不仅公众对中央、地方政府的信任水平有所差异，不同层级的政治信任对政策支持度的影响也有所差异。这可能是因为地方政府的防控能力与当地的政策推行、疫情状况更为紧密相关。地方政府会根据中央的指示来具体落实疫情防控的相关措施，因此公众可能会将对现有管理体制的不满归咎于地方政府，进而呈现更低的信任水平。但涉及政策支持度时，公众对地方政府的信任水平却更加重要，只有相信地方政府在一线的疫情防控能力，公众才会有更强的安全感和可控感，进而提高对复工复产政策的支持度。

3. 风险感知与政策支持度呈负向关系，利益感知与政策支持度呈正向关系

如表3所示，公众的风险感知越高，对政策的支持度越低（$\beta = -0.098$，$p<0.001$），利益感知越高，对政策的支持度越高（$\beta = 0.116$，$p<0.001$）。在疫情常态化的情况下，担忧疫情反弹的风险感知会导致公众抵触复工复产，但较强的利益感知能够让公众了解到复工复产可以带来的潜在利益，进而提高其政策支持度。风险感知与政策支持度间的负相关性，利益感知与政策支持度间的正相关性，都与既有相关研究的结论一致。[24][47]

五 结论与政策启示

本文以后疫情时期公众对复工复产政策的支持度为研究对象，实证分析理性与经验双重路径下这一政策支持度的影响因素。结果表明：在理性系统下，知识水平通过风险感知和利益感知间接影响公众的政策支持度，知识水平越高,公众的风险感知越低,利益感知越高,对复工复产的支持度也越高。在经验系统下,政治信任直接影响公众的政策支持度,无论是对中央政府还是省政府,公众的政治信任越高,则越支持复工复产。本文的研究贡献主要体现在以下两点。首先,本研究从社会心理学视角出发,基于理性与经验的双重路径探讨公众政策支持度的形成机制,拓展了现有风险感知领域的相关研究。既有研究主要关注于政治信任、风险感知、利益感知、知识水平等因素的直接影响[2][3][4][5],却很少提及不同认知路径下政策支持度的影响因素及其内在机制。其次,现有关于新冠肺炎疫情的研究主要探讨公众风险感知及预防行为的影响因素[21][22][23][39],或者是介绍中国政府疫情防控的相关经验[48],鲜有探讨公众对疫情相关政策的支持度及其形成机制。随着疫情防控的常态化,我们需要逐步有序恢复生产生活秩序,以统筹社会经济发展与疫情防控工作。因此,探究公众支持复工复产政策的认知过程,能为我们在常态化疫情防控中提升社会支持度以加快恢复生产生活秩序提供理论依据与政策建议。

本研究发现,理性和经验路径是公众支持复工复产政策的两大重要形成过程。理性路径下,与既有相关研究的结论一致,知识水平通过降低风险感知并放大利益感知来提升公众的支持度。[38][39]虽然不同学者对知识水平在公众认知过程中的作用看法不一[9][10],但随着信息技术的发展和新媒体的普及,公众时时刻刻处于各式各样的信息中,这些信息不仅会影响个体的知识获取及其自身对风险事件的判断与认知,也使每个人作为信息的传播者而影响社会大众的知识与风险感知。正确的信息传递和知识普及使得公众能够理性、客观地感知新冠肺炎疫情的风险并及时识别、阻止谣言的传播。此外,传播渠道、预防等相关知识也能让公众在疫情防控常态化状态下增强自我防护的能力及其效能感(perceived efficacy)[23],利于他们采取更有效的防护行为,并提高对复工复产的政策支持度。因此,政府要主动、及时地向公众普及新冠肺炎疫情的病因、传播渠道及防疫等相关科学知识,提高公众的知识水平,进而提高其理性判断的能力。

经验路径下,我们发现政治信任会直接影响公众对复工复产政策的支持度,当他们信任政府的疫情信息公开及预防能力时,会对疫情防控常态化下稳步推进恢复生产生活秩序更有信心,据此更加支持复工复产。虽然公众对地方政府的信任水平略低于中央政府,但地方的政治信任在提升政策支持度时发挥着更为关键的作用,这也是本研究的重要发现之一。因此,常态化疫情防控下,地方政府要主动、如实地向社会公开相关信息,并在制定和执行政策的过程中建立起公众参与的制度性渠道,提升民众对政府疫情防控能力的信心。一项公共政策从制定到落实都离不开公众的支持和配合,只有将公众的利益纳入考虑,让公众真正参与其中,才能有效推进政策的落实,促使社会经济运行逐渐回到正轨。但本研究却未发现政治信任与风险感知之间的相关关系。有些研究表明公众对政府的信任能够降低风险感知,如亚洲政府在 SARS 大流行期间的应对经验提高了公众对新型流行病可控的信念,进而减少了其风险感知。[49]但也有学者基于中国的数据发现政治信任并不显著影响公众对健康灾害的风险感知。[50]这一发现启示我们未来需要更深入地探讨政治信任与风险感知之间的关系。

但本文也存在一定的局限性。首先,由于疫情期间的特殊性,本文数据主要通过电子问卷进行搜集,导致样本整体偏年轻化,代表性有所欠缺,未来研究可以考虑丰富受访者的年龄结构,尽可能将多年龄层次的群体意见纳入研究。其次,本研究主要为定量的数据分析,缺乏深度访谈和案例分析,无法解释结论中一些有趣或反常的发现,未来将综合运用定量与定性相结合的方法进行更深入的探讨。

参考文献

[1] A. Fung. Varieties of Participation in Complex Governance [J]. Public Administration Review, 2006, 66: 66 - 75.
[2] N. C. Bronfman, E. L. Vázquez, V. V. Gutiérre, et al. Trust,

Acceptance and Knowledge of Technological and Environmental Hazards in Chile [J]. Journal of Risk Research, 2008, 11 (6): 755 – 773.

[3] S. C. Jagers, A. Löfgren, J. Stripple. Attitudes to Personal Carbon Allowances: Political Trust, Fairness and Ideology [J]. Climate Policy, 2010, 10 (4): 410 – 431.

[4] M. Zannakis, A. Wallin, L. O. Johansson. Political Trust and Perceptions of the Quality of Institutional Arrangements—How Do They Influence the Public's Acceptance of Environmental Rules [J]. Environmental Policy and Governance, 2015, 25 (6): 424 – 438.

[5] L. Zhou, Y. Dai. How Smog Awareness Influences Public Acceptance of Congestion Charge Policies [J]. Sustainability, 2017, 9 (9): 1579.

[6] P. Slovic, M. L. Finucane, E. Peters, et al. Risk as Analysis and Risk as Feelings: Some Thoughts about Affect, Reason, Risk, and Rationality [J]. Risk Analysis: An International Journal, 2004, 24 (2): 311 – 322.

[7] L. Zhou, Y. Dai. Which is More Effective in China? How Communication Tools Influence Public Acceptance of Nuclear Power Energy [J]. Energy Policy, 2020, 147: 111887.

[8] C. Starr. Social Benefit Versus Technological Risk: What is Our Society Willing to Pay for Safety? [J]. Science, 1969, 165 (3899): 1232 – 1238.

[9] J. Costa-Font, C. Rudisill, E. Mossialos. Attitudes as an Expression of Knowledge and "Political Anchoring": The Case of Nuclear Power in the United Kingdom [J]. Risk Analysis: An International Journal, 2008, 28 (5): 1273 – 1288.

[10] T. Katsuya. Public Response to the Tokai Nuclear Accident [J]. Risk Analysis, 2001, 21 (6): 1039 – 1046.

[11] C. R. Warren, C. Lumsden, S. O'Dowd, et al. "Green on Green": Public Perceptions of Wind Power in Scotland and Ireland [J]. Journal of Environmental Planning and Management, 2005, 48 (6): 853 – 875.

[12] M. J. Goodfellow, H. R. Williams, A. Azapagic. Nuclear Renaissance, Public Perception and Design Criteria: An Exploratory Review [J]. Energy Policy, 2011, 39 (10): 6199 – 6210.

[13] P. A. Stewart, W. P. McLean. Public Perceptions of Benefits from and Worries over Plant-Made Industrial Products and Plant-Made Pharmaceuticals: The Influence of Institutional Trust [J]. Review of Policy

Research, 2008, 25 (4): 333-348.

[14] M. Siegrist, G. Cvetkovich. Perception of Hazards: The Role of Social Trust and Knowledge [J]. Risk Analysis, 2000, 20 (5): 713-720.

[15] 车敬上, 孙海龙, 肖晨洁, 李爱梅. 为什么信息超载损害决策? 基于有限认知资源的解释 [J]. 心理科学进展, 2019, 27 (10): 1758-1768.

[16] L. Li. Political Trust and Petitioning in the Chinese Countryside [J]. Comparative Politics, 2008, 40 (2): 209-226.

[17] Y. Maeda, M. Miyahara. Determinants of Trust in Industry, Government, and Citizen's Groups in Japan [J]. Risk Analysis: An International Journal, 2003, 23 (2): 303-310.

[18] S. Marien, M. Hooghe M. Does Political Trust Matter? An Empirical Investigation into the Relation between Political Trust and Support for Law Compliance [J]. European Journal of Political Research, 2011, 50 (2): 267-291.

[19] N. C. Bronfman, E. L. Vázquez. A Cross-Cultural Study of Perceived Benefit Versus Risk as Mediators in the Trust-Acceptance Relationship [J]. Risk Analysis: An International Journal, 2011, 31 (12): 1919-1934.

[20] 钱铭怡, 叶冬梅, 董葳等. 不同时期北京人对SARS的应对行为、认知评价和情绪状态的变化 [J]. 中国心理卫生杂志, 200 (8): 3-8.

[21] S. Dryhurst, C. R. Schneider, J. Kerr, et al. Risk Perceptions of COVID-19 around the World [J]. Journal of Risk Research, 2020, 23 (7-8): 994-1006.

[22] Y. Chen, J. Feng, A. Chen, et al. Risk Perception of COVID-19: A Comparative Analysis of China and South Korea [J]. International Journal of Disaster Risk Reduction, 2021, 61: 102373.

[23] B. Dai, D. Fu, G. Meng, et al. The Effects of Governmental and Individual Predictors on COVID-19 Protective Behaviors in China: A Path Analysis Model [J]. Public Administration Review, 2020, 80 (5): 797-804.

[24] M. Guillon, P. Kergall. Attitudes and Opinions on Quarantine and Support for a Contact-Tracing Application in France during the COVID-19 Outbreak [J]. Public Health, 2020, 188: 21-31.

[25] T. Aven, O. Renn. Risk Management and Governance: Concepts,

Guidelines and Applications [M]. Springer Science & Business Media, 2010.

[26] D. Bell, T. Gray, C. Haggett. The "Social Gap" in Wind Farm Siting Decisions: Explanations and Policy Responses [J]. Environmental Politics, 2005, 14 (4): 460-477.

[27] N. M. A. Huijts, E. J. E. Molin, L. Steg. Psychological Factors Influencing Sustainable Energy Technology Acceptance: A Review-Based Comprehensive Framework [J]. Renewable and Sustainable Energy Reviews, 2012, 16 (1): 525-531.

[28] M. V. Pezz, J. W. Beckstead. A Multilevel Analysis of Rumor Transmission: Effects of Anxiety and Belief in Two Field Experiments [J]. Basic and Applied Social Psychology, 2006, 28 (1): 91-100.

[29] N. T. Brewer, N. D. Weinstein, C. L. Cuite, et al. Risk Perceptions and Their Relation to Risk Behavior [J]. Annals of Behavioral Medicine, 2004, 27 (2): 125-130.

[30] 张持晨, 吴一波, 郑晓, 朱宏. 新冠肺炎疫情下公众的认知与行为——疫情常态化防控中的自我健康管理 [J]. 科学决策, 2020 (10): 44-59.

[31] 崔小倩, 郝艳华, 唐思雨, 樊凯盛, 唐雨蓉, 宁宁, 高力军. 新冠肺炎疫情风险感知量表信效度检验及应用——基于大数据样本的实证研究 [J]. 中国公共卫生, 2021, 37 (7): 1086-1089.

[32] L. Huang, Y. Zhou, Y. Han, et al. Effect of the Fukushima Nuclear Accident on the Risk Perception of Residents near a Nuclear Power Plant in China [J]. Proceedings of the National Academy of Sciences, 2013, 110 (49): 19742-19747.

[33] Y. Guo, T. Ren. When It Is Unfamiliar to Me: Local Acceptance of Planned Nuclear Power Plants in China in the Post-Fukushima Era [J]. Energy Policy, 2017, 100: 113-125.

[34] Y. Wang, J. Gu, J. Wu. Explaining Local Residents' Acceptance of Rebuilding Nuclear Power Plants: The Roles of Perceived General Benefit and Perceived Local Benefit [J]. Energy Policy, 2020, 140: 111410.

[35] J. Kim, J. D. Schmöcker, S. Fujii, et al. Attitudes towards Road Pricing and Environmental Taxation among US and UK Students [J]. Transportation Research Part A: Policy and Practice, 2013, 48: 50-62.

［36］ M. Siegrist, V. H. M. Visschers. Acceptance of Nuclear Power: The Fukushima Effect ［J］. Energy Policy, 2013, 59: 112 – 119.

［37］ R. L. Ottinger, Williams R. Renewable Energy Sources for Development ［J］. Environmental Law, 2002: 331 – 368.

［38］ Y. Zhong, W. Liu, T. Y. Lee, et al. Risk Perception, Knowledge, Information Sources and Emotional States among COVID – 19 Patients in Wuhan, China ［J］. Nursing Outlook, 2021, 69（1）: 13 – 21.

［39］ 周凌一, 刘铁枫. 信息视角下新冠肺炎疫情的公众风险感知与预防行为 ［J］. 复旦公共行政评论, 2020（1）: 123 – 147.

［40］ Y. Kim, W. Kim, M. Kim. An International Comparative Analysis of Public Acceptance of Nuclear Energy ［J］. Energy Policy, 2014, 66: 475 – 483.

［41］ T. C. Earle, G. Cvetkovich. Social Trust: Toward a Cosmopolitan Society ［M］. Greenwood Publishing Group, 1995.

［42］ N. Luhmann. Vertrauen: Ein Mechanismus der Reduktion von Sozialer Weltkomplexität（Trust: A Mechanism to Reduce Social World Complexity）［M］. UTB, Stuttgart, 1989.

［43］ P. A. Groothuis, G. Miller. The Role of Social Distrust in Risk-Benefit Analysis: A Study of the Siting of a Hazardous Waste Disposal Facility ［J］. Journal of Risk and Uncertainty, 1997, 15（3）: 241 – 257.

［44］ L. Li. Political Trust in Rural China ［J］. Modern China, 2004, 30（2）: 228 – 258.

［45］ M. Siegrist, M. E. Cousin, H. Kastenholz, et al. Public Acceptance of Nanotechnology Foods and Food Packaging: The Influence of Affect and Trust ［J］. Appetite, 2007, 49（2）: 459 – 466.

［46］ A. Pellizzone, A. Allansdottir, R. De Franco, et al. Exploring Public Engagement with Geothermal Energy in Southern Italy: A Case Study ［J］. Energy Policy, 2015, 85: 1 – 11.

［47］ F. Wang, J. Gu, J. Wu. Perspective Taking, Energy Policy Involvement, and Public Acceptance of Nuclear Energy: Evidence from China ［J］. Energy Policy, 2020, 145: 111716.

［48］ Y. Cheng, J. Yu, Y. Shen, et al. Coproducing Responses to COVID – 19 with Community-Based Organizations: Lessons from Zhejiang Province, China ［J］. Public Administration Review, 2020, 80（5）: 866 – 873.

[49] O. De Zwart, I. K. Veldhuijzen, G. Elam, et al. Avian Influenza Risk Perception, Europe and Asia [J]. Emerging Infectious Diseases, 2007, 13 (2): 290.

[50] L. Ma, T. Christensen. Government Trust, Social Trust, and Citizens' Risk Concerns: Evidence from Crisis Management in China [J]. Public Performance & Management Review, 2019, 42 (2): 383-404.

How the Public Support the Policy of Returning to Work and Production? —Analysis Based on Rational and Experiential Approaches

Zhou Lingyi　Chen Xiaowei

Abstract: Chinese governments began to implement the policy of returning to work and production since the end of February and early March in 2020. This policy could stimulate economic recovery, but it also might worsen the outbreak due to more gathering activities. The public's policy support is vital to the implementation of returning to work and production. Existing studies have shown that the public's policy support will be affected by many factors such as political trust, risk perception, benefit perception, knowledge level, etc. However, less attention has been paid to how the public forms different levels of policy support within the rational and experiential approaches. In this article, we adopted knowledge level as the capacity of rational approach, while political trust as the stimulator of experiential approach, to explore the research question: how does the public perceive the risks and benefits of returning to work and production within the rational and experiential approaches, then forming policy support? Based on 2019 questionnaires collected in China, this article adopted the structural equation model to empirically analyze the effects of knowledge level and political trust on policy support. The results show that under the rational approach, knowledge could enhance the public's policy support for the policy of returning to work and production via decreasing risk perception and increasing benefit perception. Additionally, people with higher political trust are more likely to support the policy directly within the experiential approach. Therefore, when implementing the policy of returning to work and production, the practitioners should popularize the scientific knowledge of COVID-19 to enhance the public's capacity of rational judgment. Also, the governmental agencies could design the participating mechanism to bring the public into the policy making and implementation process, thus promoting the public's trust in governments.

Keywords: Knowledge Level; Political Trust; Policy Support; Policy of Returning to Work and Production

人工智能风险应该如何进行科学沟通？
——基于公众—专家风险感知差异的视角*

秦川申　佘靖楠**

摘　要： 作为新兴技术的人工智能由于其更高的技术复杂性，已经很难通过传统的技术变革模式对其可能的风险加以预测和治理。人工智能在社会生活与经济市场上的渗透提供了产业升级和社会发展的重要机会，但是也带来了高昂的社会成本。本文将人工智能风险与传统风险的差异归纳为渗透广泛性和技术复杂性的新兴特征，指出在人工智能的风险治理中应当更加关注过程治理、专家权威和公众理解。围绕着风险特征和治理逻辑，本文进一步揭示了公众—专家风险感知的差异和来源，在此基础上明确了对于人工智能进行风险沟通的挑战，最终尝试构建了基于人工智能特征和公众—专家风险感知差异的人工智能风险沟通的设计框架。

关键词： 人工智能　风险沟通　风险感知

---

* 基金项目：本文受国家自然科学基金青年项目（72004135）、教育部人文社会科学研究青年基金项目（20YJC630114）资助。
** 秦川申，上海交通大学国际与公共事务学院、上海交通大学应急管理学院助理教授、硕士生导师，研究方向为风险治理与公共政策；佘靖楠，上海交通大学国际与公共事务学院硕士研究生，研究方向为风险治理与公共政策。

一　问题的提出

人工智能作为第四次工业革命的标志性成果，在与公众生活息息相关的各个领域中都表现出了应用潜力，但也显现出了一系列不可忽视的风险问题。就其应用潜力而言，人工智能的应用领域已涵盖交通、医疗、娱乐等。[1]人工智能在社会生活与经济市场上的渗透提供了产业升级的重要机会，但与此同时也带来了新的社会风险[2]，这些风险多集中于安全伦理、劳动就业和社会稳定等[1][3]。这些新兴的风险可以区分为技术风险和治理风险。[4]技术风险体现在计算机学科领域内的专业问题，如数据不正当使用带来的安全隐患[5]、以"大数据杀熟"为代表现象的算法歧视[6]、数据共享主体间存在数据壁垒引起的数据瑕疵[7]等。治理风险则体现在政策科学领域内，政策制定和决策过程对人工智能风险的影响，如人工智能对现有劳动力的替代问题、人工智能战略变动问题，以及牺牲安全进行人工智能的国际竞赛问题等。[1][8][9]中国拥有全世界近1/4的人口，在给人工智能带来了迅猛发展之人口优势的同时，也带来了高昂的社会成本，这集中体现在公众与专家风险感知差异所带来的社会后果。[10]

公众作为人工智能发展中的基本单位，既是人工智能技术的受益者，也是人工智能发展的建设者，然而其对于人工智能的"感知风险"往往与专家视角下人工智能的"技术风险"之间存在着一定的偏差[11]，由此可能产生巨大的社会成本。这与人工智能自身特点、媒体传播途径和公众的参与意愿有关。[12][13][14]公众对于人工智能的"感知风险"与专家视角下人工智能的"技术风险"之间的差异及其极端后果主要体现在两个方面：抵制和放纵。首先，当公众"感知风险"大于"技术风险"时，公众对于人工智能的使用将受到极大阻碍，这不仅限制人工智能的常态发展，也为维持社会稳定埋下了隐患。比如西方国家出现了一系列反智运动，体现出公众对于政府的不信任，将抵制视为对个人权利的维护。其次，当公众"感知风险"小于"技术风险"时，公众对潜在风险的漠视也可能降低社会对人工智能风险规制的重视程度，从而导致人工智能过度入侵人们的生活，无节制地扩大对个人信息的需求而产生个人信息泄露等问题。[15][16][17]以人工智能为代表的科技创新正逐渐成为各国综合国力角逐的关键要素之一。这不仅需要我们抓住人工智能带来的机遇，大力发展科技，促进经济社会发展；也需要我们增强风险防控意识，控制人工智能风险。因此，弥合公众"感知风险"与"技术风险"之间的差异，不仅有利于将公众的"感知风险"控制在合理水平，还可以为新兴技术的发展创造良好、稳定的社会环境。

本文将从以下四个部分展开。首先，本文将梳理在风险社会背景下的人工智能风险的特征和治理与传统技术风险的差异，挖掘人工智能风险的治理困境。其次，本文梳理了与公众和专家风险认知差异有关的研究成果，指出公众和专家对人工智能风险感知水平的差异与差异来源。再次，为了弥合上述差异，本文解构了风险沟通的基本内涵，并根据差异的来源归纳了其在新兴技术领域所面临的挑战。最后，本文针对现存的挑战，从风险沟通过程的五个步骤针对性地提出设计思路。

二 人工智能风险的特征及治理困境

（一）人工智能风险发生的背景

对人工智能风险的解析可以追溯到风险社会中的技术风险，风险社会中的技术风险通常具有以下三个特征：第一，人类感官无法监测；第二，技术风险将超越代际；第三，技术风险超出了目前对受害者进行赔偿的机制。[18]在现代化社会早期，经济的稀缺性是社会首要关注的问题，风险问题则处在边缘地带。随着社会现代化进程的发展，经济稀缺性问题逐渐被消解，加上风险问题的普遍性和后果严重性，使得风险问题成为各国关注的重点议题之一。

由于科学知识的不确定性和技术可能的危害不断增加，没有绝对意义上的专家，公众对于风险治理的参与也将是对新兴技术风险进行风险治理的过程中必不可少的一环。沿着风险社会的特征进行演绎，可能存在两种截然不同的发展前景。一方面，出于对技术进步的肯定和需求，以及信息传递渠道的多样化，人们更加积极地参与到技术风险的治理中。这不仅为公众学习更全面的科学技术创造了空间，还能够将技术风险控制在人们可预见的范围内。另一方面，由于技术复杂性和不确定性的增加，对技术风险的解释掌握在少数人手中，公众与技术风险的距离被进一步拉大，这不仅会阻碍风险治理中的公众参与，甚至还会降低公众对政府和专家的信任程度，从而提高风险治理的壁垒。[19]因此我们有必要从人工智能风险的新兴特征和治理逻辑出发挖掘风险社会下人工智能风险治理的难点。

（二）人工智能风险的特征差异

人工智能风险的新兴特征可以概括为渗透广泛性和技术复杂性。

首先，在渗透广泛性方面，人工智能广泛的应用领域使得其可能产生的风险难以被简单预测。[20]对于传统风险，可以通过事后赔偿和事先预防，形成一系列政策和措施为公众的生活安全提供保障。[21]然而，人工智能的迅速发展是变革性的，广泛地渗透到交通、娱乐、医疗、金融等各个领域，风险范围也不再条目分明，故而准确赔偿和事先预防难度空前。

其次，在技术复杂性方面，人工智能在技术上的复杂性和不确定性降低了公众对其的了解程度，公众很难凭借经验对其风险有准确的认识。新兴技术的可理解性能够增加公众的信任[22]，然而人工智能的发展速度和不确定性远高于传统技术，其动态发展过程中表现出的复杂性很难被静态地理解和规制[23][24]。

（三）人工智能风险的治理逻辑差异

人工智能风险的新兴特征导致在进行风险治理时难以完全遵循传统风险问题的治理逻辑。在治理上的差异主要体现在以下三个层面。

首先，人工智能风险需要更加关注过程治理。传统风险治理往往以结果为导向，基于风险事件的严重后果提前做出预防和规制；人工智能在技术上的复杂性通常使其结果充满未知，广泛的应用领域也使人工智能的风险更加难以预测，人工智能风险的治理更需要在技术发展的过程中实施风险治理。人工智能的发展具有"摸着石头过河"的特征，即便人工智能技术可能带来的负面影响和潜在风险是存在的，其也带来了切实可见的收益，决策者是在风险权衡的过程中做出选择。政府、专家和公众都在权衡过程中扮演着重要的角色。

其次，人工智能风险需要更加关注专家权威。新兴技术具有难以预测和跨越代际的特征[18]，与传统风险的差异在于，传统风险由于可预测性的存在，可以也应当更加关注长期的结果并制定政策加以规制。但是人工智能的短期风险和长期风险是不平衡的，且长期风险也难以预测，若围绕着长期风险加以规制则很可能限制人工智能技术的发展，若围绕着短期风险加以规制则政策的制定便赶不上风险的演化。因此，人工智能的发展需要权衡短期风险和长期风险，而权衡过程中对专家权威的保护可以避免政治利益的过度干涉。[25]

最后，人工智能风险需要更加关注公众理解。与传统技术不同的是，人工智能广泛的应用领域使其发展离不开公众的参与和使用，因此在人工智能风险治理的过程中也不应该将公众排除在外，人工智能风险的治理离不开公众对于其风险的准确理解。[26][27]对于传统技术，专业知识通常掌握在某一特定领域的专家手中，但是人工智能的发展涉及多学科的问题，因此没有绝对意义上的单一专家。对公众理解的关注能够让政府决策者知晓其诉求，也可以让专家更加明确人工智能技术应当具有的社会功能。因此，对于人工智能风险的治理，公众扮演着更加重要的角色。

三 公众—专家对于人工智能的风险感知差异

（一）公众—专家固有风险感知方式的差异

基于上述治理困境，人工智能的风险治理需要更加关注专家权威和公众理解，因此，探究公众和专家在人工智能风险感知上的差异，对弥合二者之间的认知鸿沟并进行有效的风险沟通至关重要。首先，姑且不将人工智能的特殊之处考虑在内,公众和专家感知风险的方式原本就存在着客观差异。其次,了解公众和专家之间的固有差异能够帮助风险管理者从整体上把握风险沟通的方向。

一方面,专家和公众对风险的定义往往不同。专家倾向于将风险视为危害后果发生的概率或死亡率,而公众则往往以一系列特征定义风险,比如不确定性、恐惧、可控性、潜在后果的严重性等等。[28]换言之,专家被认为是以一种客观理性的方式评估风险,因此专家的风险感知往往被认为是更接近真实的风险的。相反,公众的风险评估方式则通常被认为是主观、情绪性强和不理性的,因此公众的风险感知往往被认为是偏离客观风险的,比如通常高估罕见的风险,而低估常见的风险。[29]另一方面,专家和公众在风险的判断方式上也存在一定的差异。专家偏向采用理性分析的方法,基于风险发生的后果和概率的数据估算风险大小;公众倾向于同时采用理性分析和感性分析判断风险,且存在一定的情感偏差与启发式偏差。[30]情感偏差指的是情感会影响公众对风险和收益的判断。具体来说,当公众对某一事件具有积极的情感时,就会对这一事件表现出收益大于风险的判断。相反,当公众对某一事件具有消极的情感,就会对这一事件表现出风险大于收益的判断。[31]可用性启发是启发式偏差的一种,指的是容易被公众记住或能够吸引公众注意力的概念更容易成为判断的依据。[32]然而,也有学者在研究媒体材料对公众风险感知的影响时,并没有发现可用性启发对风险感知的作用。[33]因此,由于专家和公众在风险定义和风险判断方式上存在的差异,在风险沟通中专家们往往难以通过引用风险数据改变公众的风险感知。

(二)公众—专家对人工智能风险感知的差异

在对人工智能的风险感知水平上,以往研究讨论了公众和专家之间的差异。例如,世界经济论坛对全球 1000 名公众和专家的调查指出,专家对于人工智能的风险感知远高于公众[34];也有学者对超过 40,000 名用户发布的 2000,000 条推文进行专家和非专家的差异分析,结果表明普通公众对于人工智能的态度通常比专家更加积极[35]。这种差异不仅来源于专业知识。[36]对于包括人工智能在内的新兴技术的风险感知,无论是公众还是专家都会受到除了科学知识之外的其他因素的塑造。[37]例如,公众的风险感知受到知识、信任、情绪、利益感知、个体特征等方面的影响[38],而专家的风险感知也会受到知识水平、价值观、资源、政策关联和专业领域的塑造[25]。

此外,公众—专家风险感知差异的另一个来源是专家可能难以取得公众的信任。风险沟通的效果很大程度上取决于公众对专家和风险管理者的信任程度。信任建立的过程十分缓慢,但是却会在短时间内被破坏甚至造成不可逆的严重后果。斯洛维奇(Slovic)认为信任毁坏比创建更难的原因与人们"不对称原则"的心理机制有关,消极信息由于可视化程度高、易获得关注和后果难以消除而更容易获得公众信任。[28]公众对专家和风险管理者的信任水平受到信息发布主体特征与自身特征两方面的影响。信息发布主体是否具备充分的专业知识、能否公开透明地发布信息和是否关心公众和风险事件都会影响到其可信度的高低。[39]公众自身的经济社会地位和接触信息的频率也会影响公众对风险信息发布主体的信任。[40]

(三)公众—专家对人工智能风险感知差异的来源

风险感知是人对于风险的主观判断,能够折射出人们的态度、判断、感觉和心理倾向[41],也决定着他们的行为和反馈[42]。公众和专家受固有风险感知方式的差异和人工智能特征的影响,在风险感知的影响因素上也表现出一定的不同。探究公众和专家各自风险感知差异的影响因素,有利于风险管理者从微观层面制定风险沟通策略。

公众的风险感知的影响因素可以分为四类:风险源的特征[12],如未知程度、后果的严重性等;公众的人口统计特征[43],如年龄、性别等;公众的情感启发式[44],如熟悉程度、支持程度和信仰;社会互动关系[45],如与他人和环境的互动方式。对于人工智能风险而言,也可以从这四个方面加以剖析。首先,就风险源特征而言,人工智能风险的显著特征为渗透广泛性和技术复杂性。这导致了暴露于人工智能风险的人群数量十分庞大,而与此同时他们对于人工智能风险的未知程度也将很高,公众对于人工智能风险的判断无法简单地依赖于对后果严重性的判断,而更可能受到其他三类因素的影响。其次,就公众个体特征而言,以往的研究发现,性别、年龄、收入、受教育水平、专业能力等变量与人们的风险感知呈现相关性,但是对于人工智能风险与公众个体特征之间的关联是否能够依循传统研究的结论,由于其风险源特征存在较大差异,因此还有待商榷。再次,就情感启发式而言,人工智能风险由于其技术复杂性使得公众很难完整地通过技术本身来判断风险,而是更多地受到经验、信任和情绪等启发式特征的影响。这些情感启发式除了与新兴技术有关,也与政府的公信力和规制的方式有关。[46]最后,就社会互动关系而言,人工智能风险由于其渗透广泛性使得暴露于潜在风险的人群数量十分庞大,人们与社会的互动方式也深刻地影响着他们的风险感知,有不少研究也关注到人们的互动和新闻媒介对于风险放大的作用机制。[47]

专家对人工智能的风险感知兼具"技术理性"和"社会理性"。人工智能兼具技术属性和社会属性[48],人工智能风险的技术复杂性和渗透广泛性都反映了专家对于人工智能的风险感知不会单独地依赖技术理性,也受到社会理性的影响[49],并且社会理性应是人工智能风险更加应该予以重视的。就技术理性而言,人工智能的技术风险可以初步概括为五个方面[50]:未能依据相关监管机构的要求正确使用数据的"数据困难";人工智能系统未能完成预期任务的"技术故障";数据泄露造成欺诈的"安全隐患";带有偏见的数据模型的"算法歧视";误解人工智能系统输出结果的"人机交互"。基于上述界定,解决人工智能的技术风险集中于解决计算机科学领域内的技术问题,但是这五个方面的技术风险无一不由于渗透广泛性而具备社会属性,同时人工智能发展中对于公共管理学、社会心理学、法学等学科的需求也体现了其技术复杂性。

如果说技术理性探讨的是人工智能的科学性问题,那么社会理性更多地影响着人工智能的运行规则。对于新兴技术而言,虽然没有绝对意义上的单一专家,但这也绝非否定专家的作用,相反,专家的作用将变得更加重要。人工智能技术服务于社会发展的同时,还面临着法律规范、技术标准、伦理困境等一系列问题。专家对于人工智能的社会理性也是有自觉的,世界经济论坛对全球1000名公众和专家的调查指出,专家对于人工智能的风险感知远高于公众[34],这正是由于专家群体也意识到人工智能的技术特征可能带来更加复杂的风险后果。因此,有公共管理专家已经充分意识到人工智能的社会属性,提出社会实验能够为人工智能对社会的综合影响提供循证知识[51]。

四 人工智能的风险沟通

(一)人工智能风险沟通的挑战

风险沟通是不同主体之间交换与风险相关的信息和看法的相互作用过程。[52]风险感知存在差异是风险沟通的前提和基础,专家与公众在风险沟通中的角色、利益、经验、知识背景的不同都可能导致他们之间在风险感知上产生差异。[53]风险沟通的目的并不在于消除风险,而是帮助决策者理解风险,并做出适当的决策来缓解风险所带来的非合意后果。基于前文对公众与专家风险感知差异来源的阐述,人工智能风险沟通面临的挑战也集中体现在如何通过制定有效的风险沟通策略,以弥合二者之间的差异,引导公众积极参与到人工智能的风险治理中,从而实现人工智能技术发展与风险防控的平衡。根据公众与专家风险感知差异的来源,人工智能风险沟通面临的挑战体现在以下三个方面。

首先,风险沟通的过程如何不加剧公众不合理的风险感知。风险沟通的目标并不是消除风险感知,而是促进公众对于风险的正确理解,因此在风险沟通中加剧风险感知也是合理的结果,因为风险沟通其实意味着风险是存在的。[54]世界经济论坛的调查中发现,公众的风险感知低于专家的风险感知[34],这也提示了风险沟通之后,公众的风险感知有加剧的可能。人工智能渗透广泛与技术复杂更加剧了这一可能性。渗透领域的广泛性提高了判断公众对人工智能覆盖的不同领域风险感知的难度;技术复杂性也为风险沟通选取信息叙述框架和信息披露带来了挑战。公众对不同领域的风险感知程度存在差异,比如即便面对同样的电磁波辐射风险,公众对基站的风险感知也要高于对手机的风险感知。[55]此外,以往研究中通常假设关注保护公众安全的叙述框架往往比关注避免潜在风险的叙述框架更能减少公众的风险感知。[56]因此,在这一过程中如何甄别合理的风险感知以及不合理的风险感知,将是针对人工智能进行风险沟通时的巨大挑战。

其次,风险沟通的内容如何回应人工智能风险的新兴特征。传统的风险沟通通常应对的是单一的、特定的风险,比如电磁辐射的风险防护、洪水的风险应对等,同时面临的沟通对象也是较为局部的。但是人工智能风险的渗透广泛性提出了两个挑战:一是风险领域不再单一,人工智能渗透于生活的多个方面,因此如何进行风险识别将是第一个挑战;二是暴露于风险的人群数量是庞大的,因此如何确定沟通对象将是第二个挑战。此外,人工智能风险的技术复杂性也对于风险沟通如何变得易被理解提出了挑战。

最后,风险沟通的组织和实施如何获得沟通对象的信任。风险沟通在其发展历史上曾经也被误解为"洗脑"[52],通常被这样理解的风险沟通并不能得到公众的认可。在风险沟通的组织和实施中涉及多个主体,如决策者、专家、公众等。在多个主体中,专家也存在社会嵌入性,可能受到利益相关者的影响。[57]此外,风险沟通主体可信度受到专业知识、公平性和透明度的影响。[39]人工智能的渗透广泛使得风险沟通需要的专业知识无法限定在单一领域中,故难以寻找绝对意义上的行业专家;技术复杂造成风险沟通无法像传统风险一样通过降低不确定性或增加可读性来获取公众信任;对长期风险和短期收益的权衡也提高了风险沟通确保公平性的难度。专家是风险沟通内容的知识来源,如何保障专家的权威、公正,令其成为诚实代理人?[25]信息是风险沟通内容的传播载体,如何提高信息内容的可信度?人工智能的新兴特征也让这一挑战变得更加严峻。

(二)人工智能风险沟通的设计框架

人工智能的风险沟通应立足于自身特征与治理困境,从公众和专家对人工智能风险感知的差异出发,综合设计针对人工智能的风险沟通框架。风险沟通的过程包括了五个方面[58]:识别信息接收者应当知道的信息;梳理信息接收者已经知道的信息；分析信息接收者的信息需求；根据需求设计风险沟通的内容；组织并实施风险沟通。接下来，本文将依循这五个步骤，结合人工智能的特征并关注公众和专家的差异，展开论述人工智能风险沟通的设计框架。

第一，识别信息接收者应当知道的信息。通常，传统风险沟通的设计者会通过专家启发（expert elicitation）的方法来梳理特定风险领域的专家视角下公众应当知道的信息。基于人工智能渗透广泛和技术复杂的特征，与普通风险的风险沟通相比，人工智能风险涉及多个领域的知识，因此有必要对人工智能的应用领域进行分类和界定，评估每一类别下的人工智能应用潜在的社会后果类型，再根据社会后果类型遴选合适的专家，通过专家启发的方式对公众应当知道的信息进行整合，形成影响关联图（influence diagram）。由于人工智能技术复杂且更新迭代速度快，对于公众应当知道的信息，风险沟通中也更需要关注信息的时效性。此外，相比于公众，专家对人工智能的风险感知兼具"技术理性"和"社会理性"，因此，在专家视角下梳理公众应当知道的信息时要综合考虑到人工智能的科学风险和运行规则。

第二，梳理信息接收者已经知道的信息。在风险沟通领域的研究者会通过心智模型（mental model）的方法对目标对象进行访谈和调查，用以确定公众是如何理解风险的。对于人工智能风险而言，不同应用领域的风险偏好可能存在显著差异，比如对于娱乐领域的风险偏好通常高于健康领域。[59] 因此，对于信息接收者而言，都应当遵循人工智能的应用领域进行分类，并调整心智模型的方法，因为每一个分类下的目标群体的画像都可能存在差异。此外，基于公众和专家在风险感知方式与影响因素上的差异，在对公众进行访谈和调查时应更加关注公众的情感偏差与启发式的认知方法，从而更加准确地梳理公众已经接受的信息。

第三，分析信息接收者的信息需求。风险沟通的前提是公众与专家的风险感知存在差异，在前两个步骤中，风险沟通的设计者能够分别得到专家和公众对于人工智能不同领域的风险理解，通过比对可以识别出公众和专家的差异焦点，这些差异焦点均是潜在的风险沟通需求。但并不是所有的差异焦点都需要进行风险沟通，因此需要对这些不同领域的人工智能风险感知差异进行评估，以便识别出确有需求的差异。人工智能的信息需求可以利用"模型—数据"构建的2×2矩阵识别需要进行沟通的风险。该分类方法根据是否有测量模型和经验数据将风险划分为威胁（known knowns）、风险（unknown knowns）、无知（known unknowns）和灾难（unknown unknowns）四类[60]，通过细化风险类型更准确地识别出需要进行沟通的风险。前文所述影响公众和专家风险感知的因素也能为识别风险沟通需求提供一定的依据，有利于聚焦差异点并对其进行分类，为设计风险沟通内容打下基础。

第四，根据需求设计风险沟通的内容。风险沟通内容的设计应当尊重专业知识的科学判断，同时也要争取不同领域专家的共识。由于人工智能的新兴特征，导致风险沟通的内容在细节上很难完全统一。因此，在沟通内容的设计上应当最大程度避免强烈相矛盾的观点，以免在风险沟通实施之后，由于对立的观点而引起沟通的失效。与此同时，沟通内容也存在灵活的空间。已有的社会心理学研究发现，人们会存在许多认知偏差或启发式，这些认知偏差或启发式往往是可预测的，比如框架效应。合理地运用人们的思维系统可以使重要的内容更易于被理解。因此，对于人工智能风险而言，一方面需要保障沟通内容的准确和权威，另一方面也要注重其呈现方式在多大程度上是可被理解的。

第五，组织并实施风险沟通。风险沟通的组织和实施涉及三个方面的问题，即方式、渠道和实施者。[58]就方式而言，风险沟通的方式应该与风险沟通的目的相统一。人工智能不同领域的风险沟通的目的可能存在差异，比如对于娱乐领域的人工智能，需要让公众警惕风险，而对于医疗辅助领域的人工智能，可能更需要缓解公众不合理的风险感知。根据对于沟通结果的期待，如形成共识、安全科普、风险应对，可以分别采用不同的方式，如协商式、参与式、告知式的风险沟通。就渠道而言，信息时代中沟通渠道的选择有很多，不同渠道对于不同公众的可达性存在差异，因此应当根据不同领域人工智能风险的目标群体的特征来针对性地选择渠道。就沟通的实施者而言，应当结合公众对其的信任程度和沟通内容来审慎决定。比如对于人工智能复杂内容的沟通,专家直接与公众进行沟通可以较为有效地应对公众在沟通过程中出现的疑问。专家遴选方面,人工智能涉及的领域广泛决定了其权威来源的多元性,因此在考虑专家的权威性时应注意区别于传统风险单一领域权威。但是不论风险沟通的实施者是谁,都需要具备从事风险沟通的素养。因此,也需要对风险沟通的实施者进行系统的培训。

五 总结与展望

本文指出了在风险社会的背景下,人工智能与传统技术风险的差异集中在渗透广泛性和技术复杂性两个方面,并结合这两个新兴特点明确了人工智能风险的治理中应当关注过程治理、专家权威以及公众理解。基于公众—专家风险感知差异的视角,本文梳理了公众和专家对人工智能风险感知水平和影响因素上的差异。在此基础上,本文针对人工智能风险沟通的挑战提出了风险沟通的设计思路。

对于人工智能的风险沟通,未来还可以从以下三个方面进行着力。首先,在沟通内容层面,风险沟通中的知识内容需要具体并易于传播。一方面,沟通内容要易于理解和转述,方便公众之间的二次传播,降低风险沟通成本;另一方面,沟通内容应当明确、统一、具体、合理,确保沟通内容不易在传播过程中被歪曲。其次,在信息接收者层面,应当预判接触不同渠道的公众特征,针对性地制定风险沟通策略。公众感知风险的方式通常与其自身特点有关。在设计风险沟通时,应当对沟通对象的个体特征、情感特征、互动特征加以重视。最后,在信息传递者层面,应当从沟通方式、渠道和沟通主体三个方面加以重视,确保风险沟通的可达性。

参考文献

[1] M. R. Frank, D. Autor, J. E. Bessen, et al. Toward Understanding the Impact of Artificial Intelligence on Labor [J]. Proceedings of the National Academy of Sciences, 2019, 116 (14): 6531-6539.

[2] M. Brundage, S. Avin, J. Clark et al. The Malicious Use of Artificial Intelligence: Forecasting, Prevention, and Mitigation [J]. ArXiv, 2018 (abs/1802.07228): n. pag.

[3] 薛澜, 赵静. 走向敏捷治理: 新兴产业发展与监管模式探究 [J]. 中国行政管理, 2019 (8): 28-34.

[4] B. Perry, R. Uuk. AI Governance and the Policymaking Process: Key Considerations for Reducing AI Risk [J]. Big Data and Cognitive Computing, 2019, 3 (2): 26.

[5] 满孝颐. 数据安全: 人工智能健康发展的核心命题 [J]. 中国信息安全, 2019, 119 (11): 47-48.

[6] 匡文波. 智能算法推荐的逻辑理路、伦理问题及规制方略 [J]. 深圳大学学报 (人文社会科学版), 2021, 38 (1): 144-151.

[7] 陈飏, 裴亚楠. 论自动化行政中算法决策应用风险及其防范路径 [J]. 西南民族大学学报 (人文社会科学版), 2021, 42 (1): 74-81.

[8] H. Y. Liu, M. M. Maas. "Solving for X?" towards a Problem-Finding Framework to Ground Long-Term Governance Strategies for Artificial Intelligence [J]. Futures, 2021, 126: 102672.

[9] J. Dexe, U. Franke. Nordic Lights? National AI Policies for Doing Well by Doing Good [J]. Journal of Cyber Policy, 2020, 5 (3): 332-349.

[10] S. O'Meara. Will China Lead the World in AI by 2030? [J]. Nature, 2019, 572 (7770): 427-428.

[11] 曾繁旭, 戴佳, 王宇琦. 技术风险VS感知风险: 传播过程与风险社会放大 [J]. 现代传播, 2015, 37 (3): 40-46.

[12] P. Slovic. Perception of Risk [J]. Science, 1987, 236 (4799): 280-285.

[13] W. Poortinga, N. F. Pidgeon. Exploring the Structure of Attitudes toward Genetically Modified Food [J]. Risk Analysis, 2006, 26 (6): 1707-1719.

［14］ J. Flynn, P. Slovic, H. Kunreuther. Risk, Media and Stigma：Understanding Public Challenges to Modern Science and Technology［M］. New York：Earthscan, 2001.

［15］ R. E. Kasperson, O. Renn, P. Slovic, et al. The Social Amplification of Risk—A Conceptual Framework［J］. Risk Analysis, 1988, 8（2）：177－187.

［16］ K. Sotala, R. Yampolskiy. Responses to Catastrophic AGI Risk：A Survey［J］. Physica Scripta, 2014, 90（1）：18001.

［17］ 薛澜, 赵静. 新兴产业发展与适应性监管［J］. 公共管理评论, 2016（2）：2－6.

［18］ B. Adam, U. Beck, J. V. Loon. The Risk Society and Beyond：Critical Issues for Social Theory［M］. London：SAGE, 2000.

［19］ U. Beck. Critical Theory of World Risk Society：A Cosmopolitan Vision［J］. Constellations, 2009, 16（1）：3－22.

［20］ J. Farmer, F. Lafond. How Predictable Is Technological Progress?［J］. Research Policy, 2016, 45（3）：647－665.

［21］ 乌尔里希·贝克, 王武龙. 从工业社会到风险社会（上篇）——关于人类生存、社会结构和生态启蒙等问题的思考［J］. 马克思主义与现实, 2003（3）：26－45.

［22］ J. D. Lee, K. A. See. Trust in Automation：Designing for Appropriate Reliance［J］. Human Factors, 2004, 46（1）：50－80.

［23］ 郭传凯. 人工智能风险规制的困境与出路［J］. 法学论坛, 2019, 34（6）：107－117.

［24］ 贾开, 蒋余浩. 人工智能治理的三个基本问题：技术逻辑、风险挑战与公共政策选择［J］. 中国行政管理, 2017（10）：42－47.

［25］ J. Pielke, A. Roger. The Honest Broker：Making Sense of Science in Policy and Politics［M］. Cambridge：Cambridge University Press, 2007.

［26］ B. Fischhoff. Risk Perception and Communication Unplugged：Twenty Years of Process［J］. Risk Analysis, 1995, 15（2）：137－145.

［27］ O. Renn. Stakeholder and Public Involvement in Risk Governance［J］. International Journal of Disaster Risk Science, 2015, 6（1）：8－20.

［28］ P. Slovic. Trust, Emotion, Sex, Politics and Science：Surveying the Risk-Assessment Battlefield［J］. The Perception of Risk, 1999, 19（4）：390－412.

[29] P. Slovic, B. Fischhoff, S. Lichtenstein. Factsand Fears: Understanding Perceived Risk, in Societal Risk Assessment [M]. Boston: Springer, 1980: 181-216.

[30] P. Slovic, M. L. Finucane, E. M. Peters, et al. Risk as Analysis and Risk as Feelings: Some Thoughts about Affect, Reason, Risk, and Rationality [J]. Risk Analysis, 2004, 24 (2): 311-322.

[31] E. M. Peters, B. Burraston, C. K. Mertz. An Emotion-Based Model of Risk Perception and Stigma Susceptibility: Cognitive Appraisals of Emotion, Affective Reactivity, Worldviews, and Risk Perceptions in the Generation of Technological Stigma [J]. Risk Analysis, 2004, 24 (5): 1349-1367.

[32] A. Tversky, D. Kahneman. Availability: A Heuristic for Judging Frequency and Probability [J]. Cognitive Psychology, 1973, 5 (2): 207-232.

[33] L. Sjöberg, E. Engelberg. Risk Perception and Movies: A Study of Availability as a Factor in Risk Perception [J]. Risk Analysis, 2010, 30 (1): 95-106.

[34] World Economic Forum. The Global Risks Report 2018: 13th Edition [R]. Geneva: World Economic Forum, 2018.

[35] L. Manikonda, S. Kambhampati. Tweeting AI: Perceptions of Lay Versus Expert Twitterati [C]. California: 12th International AAAI Conference on Web and Social Media, 2018: 652-655.

[36] B. Wynne, A. Irwin. Misunderstanding Science? The Public Reconstruction of Science and Technology [M]. Cambridge: Cambridge University Press, 1996.

[37] H. Peters. From Information to Attitudes? Thoughts on the Relationship between Knowledge about Science and Technology and Attitudes toward Technologies [M]. Oxfordshire: Routledge, 2005: 194-208.

[38] V. T. Covello, R. G. Peters, J. Wojtecki, et al. Risk Communication, the West Nile Virus Epidemic, and Bioterrorism: Responding to the Communication Challenges Posed by the Intentional or Unintentional Release of a Pathogen in An Urban Setting [J]. Journal of Urban Health, 2001, 78 (2): 382-391.

[39] R. G. Peters, V. T. Covello, D. B. Mccallum. The Determinants of Trust and Credibility in Environmental Risk Communication: An Empirical Study [J]. Risk Analysis, 1997, 17 (1): 43-54.

[40] N. Orleans. Evaluating Elements of Trust: Race and Class in Risk Communication in Post-Katrina New Orleans [J]. Public Understanding of Science, 2015, 25 (4): 480 – 489.

[41] N. Pidgeon, C. Hood, D. Jones, et al. Risk: Analysis, Perception and Management: Report of a Royal Society Study Group [M]. London: The Royal Society, 1992: 89 – 134.

[42] T. Dohmen, A. Falk, D. Huffman, et al. Individual Risk Attitudes: Measurement, Determinants, and Behavioral Consequences [J]. Journal of the European Economic Association, 2011, 9 (3): 522 – 550.

[43] 徐建华, 薛澜, 寿明佳. 环境社会治理中的公众风险认知: 半个世纪研究的回顾与未来展望 [J]. 公共管理评论, 2016 (2): 87 – 105.

[44] A. A. Anderson, D. Brossard, D. A. Scheufele, et al. The "Nasty Effect": Online Incivility and Risk Perceptions of Emerging Technologies [J]. Journal of Computer-Mediated Communication, 2014, 19 (3): 373 – 387.

[45] J. T. Horlick. On the Signature of New Technologies: Materiality, Sociality and Practical Reasoning [A]. In R. Flynn, P. Bellaby. Risk and the Public Acceptance of New Technologies [C]. London: Palgrave Macmillan UK, 2007: 41 – 65.

[46] O. Renn, D. Levine. Credibility and Trust in Risk Communication [A]. In R. E. Kasperson, P. J. M. Stallen, Communicating Risks to the Public [C]. Dordrecht: Springer, 1991, 175 – 217.

[47] N. Pidgeon, P. Kasperson, P. Slovic. The Social Amplification of Risk [M]. New York: Cambridge University Press, 2003.

[48] 李仁涵. 人工智能技术属性及其社会属性 [J]. 上海交通大学学报 (哲学社会科学版), 2020, 28 (4): 19 – 22.

[49] J. Collins. Mobile Phone Masts, Social Rationalities and Risk: Negotiating Lay Perspectives on Technological Hazards [J]. Journal of Risk Research, 2010, 13 (5): 621 – 637.

[50] B. Cheatham, K. Javanmardian, H. Samandari. Confronting the Risks of Artificial Intelligence [J]. McKinsey Quarterly, 2019: 1 – 9.

[51] 苏竣, 魏钰明, 黄萃. 社会实验: 人工智能社会影响研究的新路径 [J]. 中国软科学, 2020 (09): 132 – 140.

[52] G. Morgan, B. Fischhoff, A. Bostrom, et al. Risk Communication: A

Mental Models Approach [M]. New York: Cambridge University Press, 2002.

[53] 谢晓非, 郑蕊. 风险沟通与公众理性 [J]. 心理科学进展, 2003, 11 (4): 375-381.

[54] M. Gallastegi, A. Jimenez-Zabala, A. Molinuevo, et al. Exposure and Health Risks Perception of Extremely Low Frequency and Radio Frequency Electromagnetic Fields and the Effect of Providing Information [J]. Environmental Research, 2019, 169: 501-509.

[55] C. Keller, J. Rowley, M. Siegrist, et al. Perception of Mobile Phone and Base Station Risks Related Papers Perception of Mobile Phone and Base Station Risks [J]. Risk Analysis, 2005, 25 (5): 1253-1264.

[56] P. M. Wiedemann, H. Schuetz, F. Boerner, et al. When Precaution Creates Misunderstandings: The Unintended Effects of Precautionary Information on Perceived Risks, the EMF Case [J]. Risk Analysis, 2013, 33 (10): 1788-1801.

[57] 朱旭峰. 中国社会政策变迁中的专家参与模式研究 [J]. 社会学研究, 2011 (2): 1-27.

[58] 徐建华, 薛澜. 风险沟通与科学传播 [J]. 科普研究, 2020, 15 (2): 5-12+103.

[59] E. Soane, N. Chmiel. Are Risk Preferences Consistent? The Influence of Decision Domain and Personality [J]. Personality and Individual Differences, 2005, 38 (8): 1781-1791.

[60] D. Higgins. Theoretical Overview of Known, Unknown and Unknowable Risks for Property Decision Makings [C]. Sydney: 23rd Annual Pacific Rim Real Estate Society Conference, 2017.

How to Conduct Risk Communication for Artificial Intelligence Risk?
—From the Perspective of Laypeople-Expert Differences in Risk Perception

Chuanshen Qin　Jingnan She

Abstract: As a typical emerging technology, Artificial Intelligence (AI) has been difficult to predict and manage its potential risks through traditional modes of technological risk governance due to its technical complexity. The penetration of AI in daily life and economic markets provides important opportunities for industrial upgrading and social development, but it also brings about high social risks. From the perspective of laypeople - expert differences in risk perception, this study points out the new characteristics of AI risk are penetration and technical complexity, and more attention should be paid to process governance, expert authority, and public understanding in governance. Focusing on risk characteristics and the logic of governance, this study reviews the source of public - expert differences in risk perception and the influencing factors of public and expert risk perception. Further, this study clarifies the challenges and design for risk communication with artificial intelligence.

Keywords: Artificial Intelligence; Risk Communication; Risk Perception

图书在版编目(CIP)数据

风险灾害危机研究.第15辑/童星,张海波主编.—北京:商务印书馆,2022
ISBN 978-7-100-21728-6

Ⅰ.①风… Ⅱ.①童…②张… Ⅲ.①社会管理—风险管理—中国—文集②突发事件—公共管理—中国—文集 Ⅳ.①D63-53

中国版本图书馆CIP数据核字(2022)第172958号

权利保留,侵权必究。

风险灾害危机研究

第十五辑

童星 张海波 主编

商 务 印 书 馆 出 版
(北京王府井大街36号 邮政编码100710)
商 务 印 书 馆 发 行
江苏凤凰数码印务有限公司印刷
ISBN 978-7-100-21728-6

| 2022年11月第1版 | 开本 700×1000 1/16 |
| 2022年11月第1次印刷 | 印张 14 |

定价:75.00元